SOLACE

DIE GESCHICHTE DER TROST - DIENSTE

Ein lebendiges Zeugnis von Heilung,
Hoffnung und wiederhergestellter Würde nach
dem Völkermord
gegen die Tutsi 1994
in Rwanda.

Jean Gakwandi

mit Karin Heidrich

WIDMUNG

Voller Demut gewidmet

Der Ehre Gottes, des Allmächtigen,
unseres Vaters, dem Vater der Vaterlosen und Gott allen
Trostes, der uns tröstet, damit wir andere trösten können

Dem Herrn Jesus Christus, der all unsere Leiden trug
und unsere Schmerzen auf sich nahm

Den vielen Geschwistern, Brüdern und Schwestern,
nah und fern, die an dem Dienst teilhaben

Den (Allen) Opfern aller (der) Wellen von Gewalt
im Völkermord gegen Tutsi seit 1959

Den Überlebenden, die tapfer mit allen Widrigkeiten kämpften
und zu lebendigen Zeugnissen der Werke Gottes wurden

3. Auflage 2024 deutsche Übersetzung von Karin Heidrich
ISBN: 978-3-7597-7994-6

Verlag: BoD • Books on Demand GmbH, In de Tarpen 42, 22848 Norderstedt
Druck: Libri Plureos GmbH, Friedensallee 273, 22763 Hamburg

Umschlagsbild: Foto von Karin Heidrich 2014.
Layout von Karen von Hünerbein

Erste Auflage 2015 in Englisch unter dem Titel
„Solace – The Story of Solace Ministries"

Bibelzitate soweit nicht anders gekennzeichnet stammen
aus der Schlachter-Bibel, Version 2000, neue revidierte Fassung,
6. Auflage 2015

ABKÜRZUNGEN UND AKRONYME

AIDS	Acquired Immunodeficiency Syndrome, Erworbenes Immunschwächesyndrom
ART	Anti-Retroviral Treatment, Antiretrovirale Therapie
ARV	Anti-Retroviral. Antiretroviral
CDR	Coalition pour le Defense de la Republique, Koalition zur Verteidigung der Republik
CHH	Child-Headed Household, von Kindern geführte Haushalte
CNLG	Comission National de Lutte contre le Genocide, Nationale Kommission für den Kampf gegen den Völkermord
CRS	Catholic Relief Services, Katholischer Hilfsdienst
DFID	Department for International Development, Abteilung für internationale Entwicklung
ENT	Ear, Nose and Throat, HNO – Ohr, Nase und Hals
ESV	English Standard Version, Englische Bibelübersetzung
FARG	Fonds d'Assistance aux Rescapees du Genocide, Hilfsgelderfonds für die Überlebenden des Völkermords
GP	Garde Presidentielle, Präsidentengarde
HIV	Human Immundeficiency Virus, menschliches Immunschwäche-Virus
ICT	Information and Communications Technology, Informations- und Kommunikationstechnologie
IGA	Income Generating Activities, Einkommen schaffende Aktivitäten
NIV	New International Version, Englische Bibelübersetzung (Gideon Bibel)
OI	Opportunistic Infection, opportunistische Infektionen, weil sie die „günstige Gelegenheit"- nämlich die Schwäche des Immunsystems – nutzen, um sich zu vermehren
PLWA	People living with Aids, Menschen, die mit Aids leben
PTSD	Posttraumatic-Stress-Disorder, posttraumatische Belastungsstörung

RPA   Rwandan Patriotic Army,
        die rwandische-patriotische Armee
RPF   Rwanda Patriotic Front, die rwandisch-patriotische Front
RWF   Rwandische Francs, Währung in Rwanda

GLOSSAR

Impuzumugambi	„Die, die zusammen planen", Mitglieder der CDR
Inkotanyi	Begriff der Rwandischen Sprache für die *RPF-Armee, die den Völkermord stoppte*
Interahamwe	„Die, die zusammen angreifen", militante Hutu Gruppe
Inyenzi	Kakerlake, Begriff der Rwandischen Sprache, der von Hutu benutzt wurde, um Tutsi zu entmenschlichen
Inzoka	Schlange, Begriff der Rwandischen Sprache, der von Hutu benutzt wurde um Tutsi zu entmenschlichen
Kinyarwanda	die Landessprache von Rwanda
Solace Ministries	Trost-Dienste
Zeugnis	Erfahrungsbericht von Überlebenden

INHALTSVERZEICHNIS

TEIL I – DIE WERKE GOTTES

GETRÖSTET, UM ANDERE ZU TRÖSTEN

TRÖSTE, HEILE, STELLE WIEDER HER

DER GOTT DER UNBEGRENZTEN MÖGLICHKEITEN

INTERNATIONALE PARTNER DER TROSTDIENSTE

TEIL II – LEBENDIGE ZEUGNISSE

ANHANG

DANKSAGUNG

Zuallererst danke ich meinem Herrn Jesus Christus, der mir ermöglichte, die großartigen Dinge, die ich mit Ihm erlebt habe, in schriftlicher Form zu verkünden, damit viele erkennen, dass Er immer noch wirkt und Sein Geist immer noch in Bewegung setzt (Johannes 5,17).

Mein zutiefst empfundener Dank geht an Viviane, meine geliebte Frau, und an unsere Kinder, die mit dazu beitrugen, mit der Realisierung der Vision von Solace Ministries anzufangen. Ich schulde ihnen sehr viel. So konnten viele der Werke, über die auf den folgenden Seiten berichtet wird, verwirklicht werden. Sie trugen mit ihrer Großzügigkeit, Zeit, Ermutigung und Gebetsunterstützung dazu bei.

Aufrichtiger Dank geht an Professor Don und Lorna Miller von der Universität Southern California für ihre Begleitung und fort-während Unterstützung in mehreren Bereichen und beständige Beratung. Ihre Herzen sind beständig bei uns, in unserem Kampf ums Überleben.

Vielfacher Dank geht an meine lieben Freunde und unschätzbaren Mitarbeiter im Dienst, dem Vorstand und der Generalversammlung von Solace Ministries, deren Rat unverzichtbar bleibt.

Meine Wertschätzung geht an eine ganze Armee von Betern, Brüdern und Schwestern in Rwanda und in Übersee, einige davon im Verborgenen. Ohne ihre unverzichtbare Unterstützung hätten die Dinge nicht so zur Ehre Gottes geschehen können, wie sie es taten.

Besonderer Dank geht an Sabrina Joy Smith, die das erste Manuskript las und überprüfte.

An Karen von Hünerbein dafür, dass sie nach Rwanda kam und ihren Urlaub dafür einsetzte, bei dem ersten Entwurf zu helfen sowie für ihre fortlaufende Unterstützung aus Deutschland für die Registrierung und das Layout des Buches. Ihre Rolle ist hochgeschätzt.

An Jonathan Lamb für sein hier sein während der letzten Wochen des Schreibens, für sein Lesen des Manuskripts, seine Ermutigung und Unterstützung im Prozess der Finalisierung letzter Details für den Druck.

Ich stehe für ewig tief in der Schuld meiner Tochter Dr. Sylvie Mucyo und meiner Frau Viviane für ihre Zeit des Korrekturlesens für dieses Buch. Ihre kritischen und konstruktiven Vorschläge sind unverzichtbar.

Es gibt eine Person, ohne die dieses Buch nicht geschrieben worden wäre. Das ist Karin Heidrich. Es ist jetzt acht Jahre her, seit sie vorschlug, die Geschichte von Solace Ministries aufzuschreiben, um die wunderbaren Dinge, die Gott getan hat, zu bezeugen.

Seitdem hatte sie sich verpflichtet mir zu helfen das Buch zu schreiben, dazu beizutragen und eine Druckerei zu finden. Ich kann ihr niemals genug danken.

Jean Gakwandi

VORWORT 1

Im November 2001 waren meine Frau Lorna und ich eingeladen, an einer internationalen Konferenz über Völkermord im 20. Jahrhundert in Kigali, Rwanda, teilzunehmen. Dort trafen wir Jean Gakwandi zum ersten Mal. Es war der Beginn einer Freundschaft, die im Laufe der vergangenen vierzehn Jahre weiterwuchs, da wir Solace Ministries jedes Jahr einmal oder mehrmals besuchten. Als wir Solace zum ersten Mal besuchten, war es ein kleines Gebäude mit einigen wenigen Räumen. In den ersten darauffolgenden Jahren verfolgten wir mit Staunen, wie das Gebäude zusätzliche Stockwerke erhielt und sich verwandelte in ein Gästehaus mit einem Speisesaal und Gästezimmern .

Jedes Mal, wenn wir Solace besuchten, fanden neue Bauprojekte statt, einschließlich der jetzt fertiggestellten Versammlungshalle mit angrenzenden Büroräumen, einem Aufnahmestudio Studio und weiteren Gästezimmern. Auf diversen Reisen erlebten wir auch den Bau von Häusern für Witwen mit, sowie von Musterfarmen, wo Witwen effektives landwirtschaftliches Bewirtschaften lernten und Werkräume, in denen Witwen Handarbeiten für den Verkauf herstellten. Auf unserer jüngsten Reise sahen wir auch eine völlig funktionsfähige Gesundheitsklinik.

Aber das Beeindruckendste waren nicht die Gebäude und Farmen, sondern die Menschen, denen wir begegneten.

Viele der Überlebenden erfuhren durch die Liebe und mitfühlende Fürsorge, die ihnen in Solace zuteilwurde, eine dramatische Wandlung.

Als sie das erste Mal zu Solace kamen, waren sie schwer traumatisiert und zeigten die klassischen Symptome einer PTSD. Manchmal saßen sie monatelang in den Mittwochstreffen einfach nur da und sagten nichts. Doch letztendlich hatten sie den Mut mit den anderen Überlebenden, die sich versammelt hatten, ihre Geschichte zu teilen. In diesem Prozess waren sie nicht länger allein. Sie waren Teil einer Gemeinschaft, die ihre Last mit ihnen trug. Die Familie, die sie verloren hatten, wurde neu erschaffen.

Vor einigen Jahren begannen wir mit dem Verfahren Mitglieder der Solace Familie formell zu interviewen. Während wir mehr als 100 Erzählungen über den Völkermord und die Wirkung von Solace Ministries zuhörten, fingen wir an zu verstehen, auf welche Weise die Christliche Botschaft der Hoffnung und Auferstehung mit einem ganzheitlichen Ansatz verflochten ist, der die physischen Bedürfnisse der Menschen wie Obdach, Nahrung und Ausbildung befriedigt. Und darüber hinaus entstand ein Vertrauen in einen Gott, der ein stell-vertretender Vater für Waisen und ein stellvertretender Ehemann für Witwen ist.

Ich glaube, dass Solace Ministries ein Modell für andere Christliche Organisationen in der Welt ist, wo Menschen durch Kriege, Gewalt oder Naturkatastrophen traumatisiert werden. Was ich von Solace gelernt habe, ist, dass Menschen Hoffnung, Gemeinschaft und das Vertrauen, dass Gott sie liebt, ebenso sehr benötigen, wie physische Hilfe – auch wenn beides niemals getrennt werden kann.

Ich habe auch gelernt, dass Heilung bei mitfühlendem Zuhören beginnt. Und das bedeutet bei Solace, dass Menschen wie Jean Gakwandi und Mama Lambert häufig mit Überlebenden in der Seelsorge zusammen weinen. Diese Tränen sind ebenso heilsam für die Trost spendenden wie für die, die getröstet werden.

Tatsächlich bedeutet es häufig, wenn jemand nicht weinen kann, dass alle seine Gefühle ausgesperrt sind – beides Freude ebenso wie Trauer.

Wenn ich mich frage, wieso Solace Ministries in den letzten zwanzig Jahren exponentiell gewachsen ist, dann ist es aufgrund der dienenden Leiterschaft von Jean Gakwandi, der beides ist: sowohl ein Visionär als auch ein demütiger Mann Gottes dessen Visionen aus seiner täglichen Gebetspraxis und des Fragens nach Gottes Leitung entstehen.

Als ein Überlebender des Tutsi-Völkermordes versteht Jean den Schmerz, Familienmitglieder verloren zu haben. Obwohl Solace Ministries viele Partner aus anderen Ländern hatte, ist Solace eine indigene Organisation, deren Methodik und Vision in einzigartiger Weise in der Kultur Rwandas verwurzelt ist.

Trotzdem sind die moralischen Prinzipien von Solace Ministries universell.

Professor Donald Miller

Los Angeles, Kalifornien, USA,August 2015

14

VORWORT 2

In der westlichen Welt teilen Menschen die intimsten Details aus ihrem Leben mit Fremden, häufig sogar im Fernsehen. In dieser sich offen bekennenden und vielleicht maßlosen Zeit sind Zurückhaltung und sogar Würde verloren gegangen.

Das Gegenteil ist der Fall in Rwanda, wo viele Menschen selbst Jahre nach dem Völkermord nicht über die erlittenen Gräuel gesprochen haben. Darum fühlen sie sich allein und verletzlich. Es ist schwer vorstellbar, wie man mit dem Leid der Vergangenheit zurechtkommen und sich gleichzeitig auf eine bessere Zukunft zubewegen soll, während man sich isoliert fühlt und unfähig, durch andere Menschen in der gleichen Lage Trost zu finden.

Jean Gakwandi und sein Solace-Team haben einen Ort geschaffen, an dem sich Überlebende sicher fühlen. Sie können ihre Erlebnisse erzählen und zusammen Gottesdienst abhalten und sich sicher sein, dass sie dies unter Menschen tun, die sie verstehen. Auf diese Weise hat Solace Ministries Tausende Leben verwandelt: sie zeigten den Menschen, dass sie nicht allein sind, dass sie die Liebe Gottes und die Liebe neuer Freunde haben, um ihnen Kraft zu geben. Die kraftvollen Auswirkungen, die dies auf Menschen hat, die in ihrem Leid eingeschlossen waren, bevor sie zu Solace kamen, kann nicht hoch genug geschätzt werden. Wo Menschen sich allein und verängstigt fühlten, fühlen sie sich jetzt geliebt und stark.

Während Solace gewachsen ist, haben Jean und sein Team auf die geistliche und emotionale Hilfe gesetzt, die sie verletzbaren Menschen bieten. Sie bieten Tausenden von Leuten praktisches Training und medizinische Hilfe; ihre Projekte helfen den resilienten und einfallsreichen Überlebenden auf die Sprünge, die sich wünschen, ihre Leben und ihre Gemeinschaften wiederaufzubauen.

Rebecca Tinsley

London, UK, August 2015

TEIL I

DIE WERKE GOTTES

EINFÜHRUNG

„Es war Gottes Plan für mich, dass ich überlebe", sagte eine junge Dame, bevor sie anfing, ihre Geschichte zu erzählen:

Als die Interahamwe drohten, das Waisenhaus anzuzünden, das zu unserem Versteck geworden war, flohen wir voller Angst und Verwirrung aus diesem Zufluchtsort. Einige von uns gingen zu ihrem Zuhause zurück, welches wenig Sicherheit bot, während andere nach neuen Verstecken suchten. Ich war zu der Zeit auf Besuch bei meiner Tante in Kigali gewesen, denn der Völkermord an den Tutsi begann während der Schulferien. Ich ging mit ihnen wieder zum Haus meiner Tante zurück. Meine eigene Familie lebte einige Kilometer entfernt.

Als wir das Haus erreichten, bat meine Tante mich, gemeinsam mit ihrer Tochter gehen und nach-zusehen, ob die Familie ihrer älteren Schwester, die nur 400 Meter entfernt wohnte, noch am Leben war. Wir waren noch kleine Kinder. Ich war 12 Jahre alt, aber sehr klein für mein Alter und keiner konnte leicht erahnen, ob wir Hutu oder Tutsi waren.

Einmal da, sahen wir, dass alle getötet worden waren außer zwei Kinder, die es geschafft hatten, sich zu verstecken.

Der Mann meiner Tante und eine Tochter waren in eine Fäkalgrube geworfen worden und die Übrigen waren zusammen mit vielen anderen Tutsi in der Sankt-André-Kirche in Nyamirambo getötet worden. Wir waren geschockt und rannten sofort zurück zum Haus meiner Tante.

Als wir näherkamen, hörten wir viele Schreie aus dem Haus kommen.

Die Interahamwe töteten unsere Familie. Die Art und Weise wie einige von ihnen getötet wurden, ist unvorstellbar. Jean Yves Ikibaruta war noch ein Baby. Er wurde gegen die Wand des Hauses geschlagen, bis sein Kopf zerbarst. Sechs weitere Geschwisterkinder wurden mit dem Buschmesser zu Tode gehackt. Nur vier von uns haben überlebt. Nachdem der Völkermord von den Soldaten der RPF gestoppt worden war, ging ich dorthin, wo einmal mein Elternhaus gewesen war. Da war kein Haus. Keiner hatte überlebt. Alles war zerstört. Ich war zerstört. Ich beschloss direkt zum nahen Fluss Nyabarongo zu gehen, wo nach Aussage meiner Nachbarn meine gesamte Familie von den Interahamwe ertränkt worden war. Ich wollte auch sterben. Selbstmord war die bessere Wahl. Es war meine beste Wahl. RPA-Soldaten in der Nähe sahen mich.

Sie ahnten, was ich vorhatte, und kamen und stoppten mich. Ich wurde nach Nyamirambo zurückgebracht.

Die folgenden Jahre waren ein Albtraum. Es war nicht einfach. Ich hatte permanente Kopfschmerzen. Ich ging zur Schule, aber die Kopfschmerzen machten es schwierig, mich zu konzentrieren. Ich wollte lieber sterben als weiterzuleben. Mir war bewusst, dass ich eine Last für die Menschen war, die mich aufgenommen hatten.

2005 erkannte eine Dame, eine Nachbarin, die mich zu einer Kirche in der Nähe mitgenommen hatte, meinen traumatisierten Zustand und sie erzählte mir ihr Zeugnis. Sie ist eine Witwe. Sie sagte mir, dass der Ort, den sie besuchte, ihr geholfen hatte Frieden zu haben. Dieser Ort wird Solace Ministries genannt.

Also nahm sie mich mit zu Solace. Ich war vorher nie dazu fähig gewesen, meine Geschichte zu erzählen. Ich wurde willkommen geheißen und war überrascht jemanden anzutreffen, der sich Zeit nahm, mir zuzuhören. Ich fing an zu weinen, während ich meine Geschichte erzählte. Ich sah, dass er die gleichen Gefühle hatte. Ich bekam auch eine Tasse Tee. In mir begannen sich Dinge zu ändern. Ich war überrascht zu erleben, dass an diesem Ort Menschen waren, die noch Liebe für andere haben.

Mir wurde gesagt, dass ich aus der Sicht Gottes sehr wertvoll bin und dass der Herr große Dinge für mich tun würde. Mir wurde gesagt, dass ich nicht länger allein bin, weil ich jetzt eine Familie hätte. Solace ist jetzt meine Familie.

Von da an konnte ich kein von Solace organisiertes Treffen mehr verpassen. Wir erhielten dort immer aufbauende Botschaften. Solace half mir dabei, wieder in die Schule zu gehen. Aber ich hatte das Ausmaß des Erlittenen noch nicht vollständig realisiert und wie diese Erlebnisse mich wirklich geschädigt hatten. Ich konnte mich in der Schule nicht konzentrieren und ich hatte immer noch starke Kopfschmerzen. Also gab ich meinen Schulbesuch wieder auf.

Allerdings fand ich Freude in der Anbetung Gottes. Ich schloss mich der Gesangsgruppe von Solace Ministries an. Der Herr öffnete viele Türen durch den Dienst der Anbetung.

Ich ging mit dem Solace-Chor nach Uganda und auch nach Europa. Der Herr hat mich auf wunderbare Weise gesegnet und jetzt hat Er mir eine eigene Familie geschenkt. Ich bin verheiratet und habe zwei wunderbare Kinder. Solace vertrat meine Familien-angehörigen bei meiner Hochzeit. Durch Solace Ministries hat Jesus meine Tränen des Leids abgewischt.

*Die Tränen, die ich jetzt habe, sind Tränen der
Freude und Dankbarkeit. Ich glaube, dass Gott
mich gerettet hat und dass Gott der Grund dafür
ist, dass ich heute am Leben bin."*

Diese Geschichte ist ein Teil von **Charlottes** Zeugnis. Jede Person,
die zu Solace kommt, hat eine Geschichte zu erzählen. **Solange** hat
ebenfalls fast ihre gesamte Familie im Völkermord verloren. Sie
selbst und ihr Zwillingsbruder sind die beiden einzigen Überlebenden einer achtköpfigen Familie und Solange wurde im zarten Alter
ein Opfer von Vergewaltigung und davon schwanger. Das hier ist
es, was sie sagt:

*„Bevor ich zu Solace kam, war mein Herz sehr
schwer. Es fühlte sich an, als ob ein großer und
schwerer Stein auf mein Herz drückt. Nichts und
niemand konnte mich glücklich machen. Ich
hasste alles und alle. Ich hasste mich auch selbst.*

*Ich fühlte mich völlig zerbrochen. Ich fragte mich,
wer ich jetzt bin – noch ein Mädchen oder eine
Frau, da ich nicht länger eine Jungfrau bin. Ich
hasste nicht nur alle Menschen, sondern glaubte,
dass auch sie mich hassten. Keiner konnte glauben, dass das Kind, das ich habe, meins ist, aufgrund meines jungen Alters. Ich war erst 14 Jahre alt. Dazu litt ich durch die Vergewaltigung an
HIV/AIDS. Ich suchte ständig nach einem Weg
mein Leben zu beenden.*

*Ein junges Mädchen, das bei Solace gewesen
war, bat mich, auch dorthin zu gehen.*

Am Anfang weigerte ich mich, doch schließlich stimmte ich zu, mit ihr zu gehen. Ich war überrascht, dass sie ihnen von mir erzählt hatte, denn sie erwarteten mich. Ich sah, dass diese Menschen anders waren als diejenigen, die ich bisher in meinem Leben getroffen hatte.

Obwohl ich nicht mit ihnen reden wollte, waren sie geduldig mit mir und zeigten mir Liebe. Schließlich ging ich dorthin zurück und als ich anfing meine Geschichte zu erzählen, begannen Dinge sich zu verändern. Jetzt fühle ich, dass der Stein, der schwer auf meinem Herzen lastete, entfernt worden ist. Ich fühle mich frei.

Ich danke Gott, dass ich zu Solace Ministries kam. Durch sie habe ich verstanden, dass es Gottes Wille für mich war, zu überleben."

Heute ist Solange ein sehr aktives Mitglied in einer der Solace-Gemeinschaften. Auch wenn es ihr manchmal nicht gut geht, lächelt sie immer. Ihr Kind, ein Junge, wird von Solace bei seiner Ausbildung unterstützt.

Diese Geschichten sind Ausschnitte aus zweien von Hunderten von Zeugnissen, die bei Solace Ministries während der Treffen oder bei Einzelbesuchen zur Seelsorge gehört wurden. Es ist erstaunlich, dass alle mit der Aussage enden, dass sie durch den Willen Gottes überlebt haben.

Die Mehrheit derer, denen bei Solace zugehört wurde, sind Überlebende des Völkermordes gegen die Tutsi in Rwanda im Jahr 1994. Der Völkermord vernichtete mehr als eine Million Leben. Einige Familien wurden komplett ausgelöscht, in anderen Fällen blieben nur ein oder zwei Überlebende übrig, so wie in den beiden Zeugnissen oben.

Das Leid der Überlebenden des Völkermordes

Unter dem Namen „Überlebender" des Völkermordes ist jede Person zu verstehen, die in der Zielgruppe war und schließlich einen Teil ihrer Familie oder alle verloren hat. Um die Vielschichtigkeit des Leids und der Probleme zu verstehen, die in vielen Fällen in starke Depression bis hin zum Selbstmord führt, muss der Leser wissen, dass das Abzielen auf und die Verfolgung der Tutsi im Jahr 1959 angefangen hat und mehr als drei Jahrzehnte andauerte.

1959 war ich noch ein Kind, aber ich erinnere mich gut daran, was geschah. Unsere Häuser wurden niedergebrannt und dem Erdboden gleichgemacht und unsere Besitztümer wurden geplündert. Die Kühe wurden mitgenommen, geschlachtet und gegessen. Wir waren gezwungen Zuflucht zu suchen und mussten unter schrecklichen Umständen leben. Wir verloren einige unserer engeren und entfernteren Familienmitglieder, darunter die meisten meiner Onkel.

So wie ich, hatten viele Überlebende miterlebt, was geschah. Einige sahen, wie ihre Eltern und Familienmitglieder getötet wurden oder ins Exil gezwungen worden waren. Viele flohen in den Kongo, nach Burundi, Uganda, Tansania oder anderswohin. Aufeinanderfolgende Regime führten, seit 1959 bis 1994, Regeln der Ausgrenzung ein, eine Form von Apartheid, befleckt mit Blut von Tutsi.

In diesen Jahren fing die Entmenschlichung der Tutsi an, in Vorbereitung auf den Völkermord von 1994. Tutsi wurden *iyenzi*[1] oder *inzoka* [2]gerufen, um sie so ihres Menschseins und ihrer Rechte zu berauben.

1963 wurden die Leiden durch Tötungen verschlimmert, die in der Weihnachtzeit ihren Höhepunkt erreichten. Ganze Familien wurden ausgelöscht, besonders in der früheren Präfektur Gikongoro.[3] Ich erinnere mich daran, dass fast alle Kinder meines Alters oder jünger – ich war fast 11 – Waisen wurden.

Überlebende aus dieser Zeit hatten nicht nur Familienmitglieder verloren, sondern mussten auch fortwährende Frustration und Ausgrenzung ertragen. Sie lebten in Angst vor einer ungewissen Zukunft. Vielen der begabten, klugen Kinder wurde allein aufgrund ihrer ethnischen Herkunft ein Zugang zur Ausbildung verwehrt. Diejenigen, die Zugang hatten, wurden aufgespürt und 1973 aus Schulen und Universitäten ausgestoßen. Einige wurden getötet. Die Probleme verbreiteten sich zu Verwaltungsangestellten, Lehrern und der gesamten Tutsi-Bevölkerung. Familien wurden zerstört, indem einige ihre Familienmitglieder verloren und andere sicherheitshalber ins Exil gingen.

Das Leid und die Schmerzen wurden schweigend ertragen, denn es war keineswegs möglich etwas verbal auszudrücken, aus Angst vor dem, was folgen könnte.

---

[1]   Kakerlake

[2]   Schlange

[3]   Meine Heimatregion im Südwesten des Landes

Die Leiden beinhalteten Entmenschlichung, Unterdrückung, Ablehnung, Kummer, Angst, Armut, Verzweiflung, Traurigkeit, Schmerzen, Einsamkeit und Zustände von Depressionen.

Das Leid und die Verluste, die sich 1994 in einem noch viel größeren Umfang wiederholten, lösten viele der seit 1959 erlittenen Traumata erneut aus. In 1994 war die totale Auslöschung der Tutsi das Ziel, was zu brutalen Tötungen führte. Die Gräueltaten, die verübt wurden, sollten unvorstellbare Leiden verursachen. Viele Überlebende blieben behindert, ihre Körper und Gliedmaßen verstümmelt; andere sind entstellt. Verschiedene Arten von Folter und sexueller Gewalt wurden besonders gegenüber Frauen angewandt.

Vergewaltigungen waren systematisch und wurden von Tätern, die mit HIV infiziert waren, als Waffe eingesetzt -eine effiziente Methode um Tutsi-Frauen langsam zu töten, die eines Tages ihre potenziellen zukünftigen Tutsi-Partner anstecken würden. Die emotionalen, inneren Wunden, die ein Ergebnis des Traumas, das jede Einzelne erlebt hat, werden äußerlich als Symptome von Posttraumatischer Belastungsstörung (PTSD) ausgedrückt.

Ein Überlebender ist jemand, der Angst hat. Er oder sie kann Angst haben vor ihren Nachbarn, vor jeder Art von Lärm, vor der Vergangenheit, der Gegenwart und der Zukunft. Überlebende leben oft in Armut und Einsamkeit und viele haben Obdachlosigkeit erfahren. Der Schmerz und das Leiden, welche sie während des Völkermordes erduldet haben, sind ständig im Kopf.

Ich erkannte, dass ein Überlebender eine Person ist, die Verständnis und Tröstung benötigt. Gott ist sehr sensibel gegenüber einem leidenden Herz. Die Gebete von einer leidenden Person zu Gott sind echt und ehrlich.

Gleichzeitig hatten die Überlebenden niemand, zu dem sie in ihren extremen Umständen rufen konnten, außer allein zu Gott. Weil Gott voller Erbarmen und Liebe ist, gegenüber Menschen in Leid und Schmerz, gab Er Jesus, um für uns und mit uns allen zu leiden, um so Schmerz und Leid in all seinen Formen zu besiegen und zu beheben.

Gott mobilisierte Menschen zugunsten der Überlebenden des Völkermordes 1994. Sie wurden zu Instrumenten oder Kanälen für Gottes Antwort an die Menschen, die zu ihm riefen.

Dies führte zu einem Dienst um Tausende von leidenden Menschen zu erreichen, die dadurch dazu kamen den Vater des Erbarmens und Gott allen Trostes zu entdecken.

Viele Überlebende sind jetzt verwandelt mit wiederhergestellter Hoffnung zum Leben. Ihre Widerstandskraft ist auf den Willen und das Werk Gottes in ihrem Leben zurückzuführen und kann sonst niemandem zugerechnet werden. Sie sind lebendige Zeugnisse der Werke Gottes. Jesus sagte:

„Mein Vater wirkt bis jetzt, und ich wirke auch." [4]

In Solace Ministries haben wir gehört und mit eigenen Augen gesehen; wir haben die Werke des Vaters betrachtet und berührt. Was der Herr für viele Überlebende getan hat und noch tut, ist der Beweis, dass wir an einen lebendigen, barmherzigen, langmütigen und in Notzeiten immer gegenwärtigen Gott glauben. Er ist der Gott des Unmöglichen, wie es die vielen Zeugnisse, die wir erhalten haben, beweisen.

---

[4]   Johannes 5,17

Die folgenden Seiten bezeugen, wie Gott den Dienst ins Leben rief und wie die Gegenwart Gottes und Seine Führung von Anfang an in jedem Schritt gesehen werden kann. Sein Werk geht weiter, da unser Gott sich niemals ändert. Er ist derselbe, gestern, heute und für immer.

Wie alles begann

Treue Verheißungen

Es war der Abend des 6. April 1994, als der Völkermord ausbrach. Meine Frau Viviane und ich waren gemeinsam mit unseren vier Kindern und unserem Hausmädchen in unserem Haus in Kigali und hielten unsere Abendandacht. Was wir an diesen Abend im „Daily Light"[5] lasen, sprach uns ganz persönlich an:

> *„Der Name des Herrn ist ein starker Turm; der Gerechte läuft dorthin und ist in Sicherheit."*[6]

> *"Eine Zuflucht ist dir der Gott der Urzeit, und unter dir sind ewige Arme."*[7]

Diese Zusagen Gottes lösten gemischte Gefühle in uns aus, einerseits von Frieden, aber auch von Beunruhigung.

---

[5]   Andachtsbuch „Licht für den Tag"

[6]   Sprüche 18,10, Schlachter

[7]   5. Mose 33,27, Schlachter

Wir sollten ihre Bedeutung bald verstehen, da die ganze Nacht durch Schüsse und Explosionen gestört wurde. Viele Menschen starben bereits in dieser ersten Nacht, darunter auch unser direkter Nachbar.

Der Herr ist in der Tat unsere Zuflucht geworden, so wie er es versprochen hatte. Am nächsten Morgen, dem 7. April gegen 6 Uhr, kamen Mörder an unser Eingangstor. Es klingelte. Wir hatten Angst nach draußen zu gehen. Stattdessen versteckten wir uns im Vorratsraum unserer Küche. Alle Sieben zwängten wir uns in den kleinen Raum, etwa 2 mal 1,5 m groß. Ich zog unser Telefon, das eine sehr lange Schnur hatte, mit in unser Versteck, um mit Freunden in Verbindung bleiben zu können. Wir beteten und baten Gott die Angreifer blind zu machen und zu verwirren. Sie schossen das Tor auf und schossen im Näherkommen weiter auf Fenster und Türen. Alles Glas zersplitterte. Da sie uns nicht finden konnten, zogen sie wieder ab, vielleicht nach etwa 15 oder 20 Minuten. Ich erinnere mich nicht mehr genau!

37 Stunden lang blieben wir in dem Vorratsraum. Wir gaben keinen Laut von uns und vermieden jede Bewegung, denn wir gingen davon aus, dass die Mörder noch in der Nähe waren. Wir hatten kein Verlangen nach Essen oder Trinken.

Jessie, unsere jüngste Tochter, sie war zu der Zeit erst vier Jahre alt, lag auf dem Fußboden unter einem Regal. Obwohl sie einen hartnäckigen Husten hatte, brachte sie es, wie durch ein Wunder, fertig, zu husten, ohne dabei ein Geräusch zu machen!

Am zweiten Tag, dem 8. April 1994, wurden wir wieder angegriffen. Diesmal schossen die Mörder auf alles, was im Haus war. Sie schossen auf den Kleiderschrank, weil sie dachten, darin wären Menschen versteckt.

Sie schossen auf die Betten, für den Fall, dass Menschen sich darunter versteckten. Wir hörten die Mörder vor der Tür unseres Verstecks mit dem kleinen Oberlicht diskutieren, ob sie durch dieses kleine Fenster Handgranaten in den Raum werfen sollten. Wir dachten, das ist das Ende unseres Lebens. Ich sah wie Viviane unsere Kinder aufs Sterben vorbereitete, indem sie dem Herrn ihre Seelen anbefahl. Die Kinder sagten mit einem Kopfnicken dazu „Ja". Indem ich meinen Kopf schüttelte, sagte ich „NEIN"! Ich glaubte in meinem Inneren dem, was Gott durch Sein Wort verheißen hatte.[8] In meinem Herzen betete ich und bat Gott, die Mörder zu verwirren.

Schließlich meinten die Mörder, jemand müsse uns einen Tipp gegeben haben, um zu fliehen, bevor die Tötungen anfingen. Sie verließen das Haus, ohne ihren Plan auszuführen. Tatsächlich waren wir davon überzeugt, dass dieser zweite Angriff erfolgte, weil jemand, der uns angerufen hatte, erkannt hatte, dass wir noch lebten, und die Mörder dann zu uns geschickt hatte, um uns zu erledigen. Wir beschlossen auf keine weiteren Anrufe mehr zu reagieren. Viviane hatte in der Nacht eine Vision von einer Armee von Engeln, die unser Haus umringten. Ich glaubte, dass wir unter starkem göttlichem Schutz standen.

Nachdem wir erfahren hatten, dass einige unserer Freunde bereits tot waren und andere ebenfalls angegriffen und getötet worden waren, obwohl sie Geld gegeben hatten, um verschont zu werden, erkannten wir, dass es Zeit war, dieses besondere Versteck zu verlassen. Das Problem war: Wie und wohin? Gott hatte es auf Seine Weise geplant. Ich hatte einige Monate lang Deutsch gelernt.

---

[8]   5. Mose 33,27, Schlachter „... Er hat den Feind vor dir her gejagt..."

Ich griff zum Telefon und rief meine Deutschlehrerin Marianne Schmeling an, die stets den Eindruck einer sehr mitfühlenden und Anteil nehmenden Dame gemacht hatte.

Sie beeilte sich, alles ihr Mögliche zu tun, um uns zu retten. Wir konnten ein System von Telefoncodes mit unseren Freunden einrichten, damit wir wussten, ob es ein freundschaftlicher Anruf war oder nicht. Wir wissen nicht, an wie viele Türen Marianne geklopft hatte, bei dem Versuch, jemanden zu finden, der uns retten könnte. Schließlich war sie erfolgreich. Ihre Nachbarin, eine sehr mutige Schweizerin, die auch andere Menschen gerettet hat, war bereit zu kommen, um uns in ihrem Wagen rauszuholen und zum Anwesen von Marianne und Wolfgang Schmeling zu bringen, 10 Minuten von unserem Haus entfernt. Dort begegneten wir weiteren sieben Flüchtlingen, die von derselben Lady gerettet worden waren.

Die Schmelings sind eine Familie von drei Personen. Sie lebten zusammen mit ihrem Wachmann Alphonse und ihrem Hund Lola. Sie teilten ihre drei Schlafzimmer und ihre Vorräte mit siebzehn Flüchtlingen. Das war Liebe in Aktion. Wir verdanken ihnen eine Menge. Als alle Ausländer von ihren Botschaften aufgefordert wurden, das Land zu verlassen, musste auch Familie Schmeling gehen.

Alphonse, der das Haus bewachte, war ein guter Mann und ein wiedergeborener Christ. Aufgrund seiner ethnischen Zugehörigkeit gehörte er nicht zur Zielgruppe. Mörder patrouillierten ständig um das Haus herum und drohten ihm, dass er getötet werden würde, falls Leute im Haus gefunden würden. Er forderte uns auf, uns zu verstecken und uns sehr leise zu verhalten und nichts zu tun, was den Verdacht erregen könnte, dass Leute im Haus sind. Alle Vorhänge waren geschlossen und wir blieben im Dunkeln, versteckt in den Kleiderschränken.

Es war eine Zeit großer Agonie und wir waren ständig gestresst und verängstigt. Aber wir glaubten weiter an Gott und an Seine Verheißung, dass wir überleben würden.[9] In der Nähe gingen die Tötungen weiter und die Nachrichten, die wir hörten, waren wirklich entmutigend. Wir konnten unser Versteck überhaupt nicht verlassen. Viele weitere Tage folgten. Jeder Tag fühlte sich unter diesen Umständen an, wie ein ganzes Jahr. Es hatte Auswirkungen auf mein ganzes Wesen und mein Haar fing an grau zu werden.

Am 27. April 1994, auf dem Höhepunkt des Völkermordes, nachdem die Meisten meiner erweiterten Familie bereits vernichtet worden waren, gab Gott uns ein wunderbares Wort, um uns zu bestätigen, dass wir mit einer Bestimmung überleben würden. Psalm 118,17:

„Ich werde nicht sterben, sondern leben und die Taten des HERRN verkündigen."

Die Botschaft war klar, aber menschlich gesprochen, in Anbetracht der Situation, die draußen herrschte, nicht leicht zu glauben. Die Tötungen gingen jeden Tag weiter, nah und fern.

Während der drei Monate im Versteck, erhielten wir kontinuierlich viele weitere Verheißungen, die Gottes Zusagen für unser Überleben bestätigten. Mir fielen Erlebnisse aus meiner Vergangenheit ein.

---

[9] Die Botschaft, die wir am 6. April am Anfang der Tötungen erhalten hatten

Sie stärkten meinen Glauben, dass Gott seine Verheißungen erfüllt:

Schon bevor ich Jesus als meinen persönlichen Retter kannte, war ich es gewohnt mich in Zeiten von Kummer und Nöten zu Gott zu flüchten. Das geschah 1959 und 1963, als ich noch ein Kind war. Ich hatte Mörder blutige Buschmesser schwingen sehen, nachdem sie Menschen, die ich gut kannte, getötet hatten. Zu Hause beteten wir intensiv und erhielten Verheißungen aus der Bibel fürs Überleben. Gott bewahrte damals unser Leben und ich war Zeuge Seiner Treue.

Am 19. März 1970 nahm ich Jesus Christus in mein Leben auf. Seit dieser Zeit erhielt ich viele persönliche Verheißungen, die Gott immer erfüllte. 1973, als die „Jagd" auf Tutsis erneut begann, erlebte ich, wie Gottes Hand zu meinem Schutz eingriff. Tatsächlich wurde ich angegriffen und an einem Abend im Februar 1973 gewaltsam von meinem Arbeitsplatz in einem Krankenhaus vertrieben. Ich rannte und versteckte mich in einer Sorghum Plantage, die hoch und dicht genug war, um als Versteck zu dienen. Eine friedvolle innere Stimme sagte mir, dass der HERR meine Zuflucht ist. Ich ging später in der Nacht unter seinem Schutz nach Hause.

Mein Herz brannte mir bei diesen Erinnerungen. Ich sehnte mich nach dem Tag, an dem dieser Alptraum für uns aufhören würde.

Im Juni 1994 hörte ich, neben der Tatsache, dass die Tötungen weitergingen, immer wieder eine nicht nachlassende Stimme in meinem Inneren flüstern: Witwen, Waisen, Witwen, Waisen. Zu diesem Zeitpunkt waren bereits mehr als eine Million Tutsis ausgerottet.

Am 4. Juli 1994 wurde Kigali von der Armee der RPF (Rwanda Patriotic Front) befreit. Nach drei Monaten erbarmungsloser Tötungen von Tutsis durch die ausgebildeten Interahamwe Milizen und die Truppen der vorherigen Regierung, hörten die Tötungen auf. Der Kampf war vorbei. Wir konnten aus unserem Versteck kommen, in dem wir neunundachtzig qualvolle Tage verbracht hatten. Wir konnten wieder in den Sonnenschein hinausgehen, wir konnten wieder in normaler Stimmlage sprechen, sogar singen! Gefühle von Frieden und Hoffnung überfluteten unsere Herzen.

Wir wussten, dass Gott uns zu einem Zweck beschützt hatte. Das war uns am 27. April 1994 klar gezeigt worden. Es markierte den Anfang von dem, was einmal die Solace Ministries werden sollten.

Von dem Tag an begannen sich die Verheißungen, die wir während der Zeit der Tötungen vom Herrn erhalten hatten, zu erfüllen. O HERR, unser Gott, du bist wahrhaftig der Gott des Unmöglichen!

Berufen zum Trösten

Das Leben nach dem Völkermord war ein Alptraum. Die Lage, in der sich die wenigen Überlebenden befanden, war herzzerreißend. Wir liefen in der Stadt umher, um nachzusehen, ob es irgendjemanden gibt, der überlebt hatte. Leider waren Freunde und Familie getötet worden.

Nachdem im Land Frieden hergestellt war, wurden „normale" Tätigkeiten wieder aufgenommen und Menschen in ihre Jobs zurückgerufen. Ich konnte das Angebot, in meinen ehemaligen Job zurückzukehren, angesichts der elenden Lage, die unter den wenigen Überlebenden, denen ich begegnet war, vorherrschte, einfach nicht annehmen. Meine Wertmaßstäbe hatten sich geändert.

Schließlich wurde mir im September 1994 eine Position als Koordinator bei World Relief International gegeben.[10] Überlebende kamen, um Hilfe zu suchen und mein Herz wurde beim Anblick der furchtbaren Verfassung der Witwen und Waisen und durch den Blick in ihre Gesichter, die tiefstes Leid und Schmerz ausdrückten, zutiefst bewegt.

Ihre Geschichten anzuhören, zerbrach mich in besonderer Weise. Die Leiden, die ich ausgehalten hatte, waren nichts, verglichen mit den Leiden, von denen ich durch sie erfuhr. Junge Witwen - einige waren erst seit dem Wochenende vor dem Beginn des Völkermordes verheiratet - hatten ihre Ehemänner verloren und waren von den Mördern vergewaltigt worden; Mütter, junge und alte, die alle ihre Kinder verloren hatten; Kinder die beide Eltern verloren hatten.... Es war unerträglich.

Das Leben war ein Albtraum für sie. Der Schmerz, den bereits der Verlust eines einzigen geliebten Menschen verursacht, kann nicht durch materielle Dinge gelindert werden, schon gar nicht der Verlust der gesamten Familie. Einige Menschen, die verschiedene Hilfsgüter erhielten, warfen sie danach weg.

Mir wurde klar, dass eine andere Herangehensweise nötig war.

---

[10]   World Relief ist eine amerikanische, christliche Nichtregierungsorganisation der nationalen evangelischen Allianz

Die effektivste Art, um den Überlebenden zu helfen, schien zu sein, sich Zeit zum Zuhören zu nehmen, ihre Erlebnisse und Probleme anzuhören und so zum Verstehen ihrer Traumata zu gelangen. Ich war überrascht, dass diese Gelegenheiten ihnen mehr Erleichterung brachten als alle materiellen Dinge, mit denen wir sie versorgten. Durch das Erzählen ihrer Geschichten begann sich etwas von dem Schmerz und den Leiden freizusetzen, die sich in ihnen aufgebaut hatten.

Sie erzählten und erzählten über viele Stunden und am Schluss weinten sie. Sie weinten und schluchzten und weinten eine lange Zeit. Ich konnte nicht umhin, auch zu weinen. Diese Tränen waren ein wunderbares Geschenk vom Herrn. Ich bin davon überzeugt, dass sie das Beste waren, das aus den Gesprächen herauskam.

Es war wie die Wiederherstellung des Menschseins, denn das extreme und tiefe Leid, dass jede Einzelne ertragen oder mitangesehen hatte, hatte alle Emotionen ausgelöscht.

Ich hatte bis zu dieser Zeit nicht bemerkt, dass ich ebenfalls alle möglichen Emotionen verloren hatte. Ich hatte keine Tränen, ich konnte mich nicht traurig oder froh fühlen. Durch das Anhören der Geschichten dieser Frauen und jungen Menschen, fing auch ich an zu weinen. Ich war froh, dass auf diese Weise auch mein Menschsein wiederhergestellt wurde, denn bis dahin hatte ich reagiert wie ein Stück Holz.

Der Gott allen Trostes

Ich begann täglich, Seelsorgezeiten in meine Arbeit zu integrieren. Es war äußerst schmerzhaft, sich jeden Tag dieser Situation zu stellen mit all den Menschen, die kamen und Unterstützung suchten.

Das Anhören ihrer Geschichten warf eine Vielfalt an Fragen in mir auf. Es machte mich sprachlos und unfähig zu wissen, was ich tun könnte. Das trieb mich ins Gebet. Ich verbrachte viele Nächte in qualvollem Gebet, indem ich zu Gott schrie, er möge mir zeigen, was ich für all diese Menschen tun kann. Gegen Ende 1994 erhielt ich diese Antwort durch die Botschaft in Jesaja 40,1:

> *„Tröstet, tröstet mein Volk! spricht euer Gott."*

Von dem Moment an schien das Wort „Trost" in allen Stellen aufzutauchen, die ich las! Es war eine herausfordernde Botschaft. Ich fragte mich, was „Menschen trösten" in dieser furchtbaren Lage überhaupt bedeuten könnte. Wie würde es möglich sein?

Ja, verlorene materielle Dinge konnten ersetzt werden. Aber wir können keine Menschen ersetzen.

Wir können Ehemänner oder Ehefrauen, Kinder oder Eltern nicht wiederbringen! Ich bat: „Herr, was möchtest du, dass ich in dieser Situation tun soll?" Ich erhielt eine weitere Antwort durch die Botschaft in 2. Korinther 1, 3+4:

> *„Gelobt sei der Gott und Vater unseres Herrn Jesus Christus, der Vater der Barmherzigkeit und Gott alles Trostes, der uns tröstet in all unserer Bedrängnis, damit wir die trösten können, die in allerlei Bedrängnis sind, durch den Trost, mit dem wir selbst von Gott getröstet werden."*

Was für eine Herausforderung! Trotzdem ich meine Eltern, Geschwister und Verwandten während des Völkermordes verloren hatte, war ich nicht verrückt geworden. Allein auf der Seite meines Vaters kam ich namentlich auf 99 Getötete. Ich wurde im Südwesten von Ruanda geboren, in der früheren Präfektur Gikongoro.

Meine Angehörigen waren entweder auf dem Schulgelände von Murambi[11] oder auf den Hügeln meiner Heimatregion getötet worden. Ich glaube, dass Gott mich vor dem Verzweifeln bewahrte, indem er mich tröstete. Wenn Gott dies für mich tun konnte, konnte Er es auch für jeden anderen tun!

Jetzt, wo der Ruf klar war, wurde er zum alleinigen Zweck meines Überlebens. Er bestand darin, diesen Menschen von Gott zu erzählen, von dem aller Trost kommt, und verletzte Menschen zu ihm zu bringen, der der Vater der Barmherzigkeit und der Gott allen Trostes ist. Trost und Wiederherstellung, die die Menschen brauchten, würden das Werk von Gott selbst sein.

Eine Zeit des Weinens

Ich teilte diese Vision mit Viviane. Wir beteten gemeinsam darüber. Wir organisierten ein Treffen für Witwen, um miteinander zu beten und Gott für unser Überleben zu danken.

Ich lud einige der Witwen, die ich kennengelernt hatte, ein, dazuzukommen. Acht kamen zu diesem allerersten Treffen.

---

[11] Den Tutsi wurde übermittelt, sich auf diesem Hügel in dem großen umzäunten Areal einer Schule als sicherem Fluchtort einzufinden. Tausende kamen. Dann wurden sie dort allein gelassen. Die Mörder kamen und metzelten dort und in der Umgebung etwa 50 000 Menschen nieder.

Es war im Dezember 1994. Wir trafen uns an einem Samstag in meinem Büro, als es keine anderen Aktivitäten im Büro gab.

Es war ein Treffen, das ich nie vergessen werde. Wir beteten und ich teilte mit ihnen einige Worte der Schrift. Ich sagte ihnen, dass Gott nicht tot ist, wie sich die Interahamwe immer gebrüstet hatten, indem sie sagten: „Wir haben Gott getötet". Im Gegenteil, Gott lebt. Er ist bei uns und er ist besorgt um uns. Er hat uns für einen Zweck überleben lassen. Sogleich brachen alle in Tränen aus. Das Treffen verwandelte sich in eine Zeit des Weinens und des Trauerns. Wir weinten alle.

Am darauffolgenden Wochenende kamen 20. Am nächsten waren es 40. Beim 4. Treffen waren es nur 18, weil es regnete. Da sie zu Fuß gehen mussten, war es nicht leicht für sie zu kommen. Beim 5. Treffen waren es 150! Die Anzahl stieg beständig. Ich erkannte: dies tat Gott.

Frauen fragten: „Wann ist die nächste Zeit des Weinens?"[12] So wurde die Nachricht durch Mundpropaganda weitergegeben. Nach und nach waren einige Witwen und Waisen in der Lage, ihre Geschichte zu erzählen, was mehr Weinen auslöste. Das Weinen war weder vorbereitet noch geplant. Es trat einfach spontan ein, wenn jemand ein Zeugnis gab. Einige weinten und trauerten lautstark, andere vergossen einfach nur Tränen. Wir beteten für sie und lasen Worte über die Liebe Gottes aus der Schrift.

Zwischen den wöchentlichen Treffen kamen Einzelne zu mir. So begann regelmäßige Seelsorge. Diesen Witwen zuzuhören, sie zu trösten und mit ihnen zu beten, verschaffte vielen Erleichterung in ihrem tief in ihrem Inneren sitzenden Schmerz.

---

[12]   Die Treffen der ersten Monate der Trostdienste wurden „Zeit des Weinens" genannt

Seit dem ersten Treffen im Dezember 1994 gingen die wöchentlichen Treffen an den Samstagen weiter, später auch an jedem zweiten Sonntag. Neben der Einzelseelsorge waren diese Treffen der wichtigste Teil des Dienstes selbst. Die dringend benötigte Heilung der Traumata fand in diesen Zusammenkünften statt.

Die Treffen gaben Menschen die Möglichkeit ihre Geschichte zu teilen. Jede Überlebende hatte eine Geschichte zu erzählen. Eine einzige Zeugnisgeschichte konnte mehrere Stunden dauern. Alle brauchten jemanden zum Zuhören. Das Gehörte half denen, die sich davor fürchteten, ihre Geschichten zu erzählen, sich ebenfalls zu öffnen, indem sie erkannten, dass es andere mit ähnlichen Herausforderungen und Erlebnissen gab. Der Heilungsprozess begann auf diese Weise.

Jemanden zu haben, der ihnen zuhörte, erfüllte viele Überlebende mit einem neuen Gefühl für den eigenen Wert. Der Prozess zur Wiedererlangung von Selbstwertgefühl und Würde war so wichtig für Menschen, die auch schon Jahrzehnte vor dem Völkermord entmenschlicht worden waren.

Es kommt einem Wunder gleich, eine Person zu erleben, die gestern noch als Kakerlake oder Schlange betrachtet wurde, und nun die Aufmerksamkeit von vielen Menschen auf sich zieht. Es bedeutet, dass diese Person, genau wie alle anderen Zuhörer, ein gleichermaßen respektiertes menschliches Wesen ist.

Die Treffen wurden in den Gebäuden von World Relief organisiert. Da die Anzahl der Witwen weiter zunahm, hatten wir nicht mehr genug Platz für alle Teilnehmenden. Wir waren gezwungen, uns im offenen Innenhof zu treffen. Wir schafften es, blaue Plastikplanen anzubringen, um uns sowohl im Regen als auch bei hochstehender Sonne zu schützen. Das erwies sich schnell als nutzlos.

Wenn es regnete, gab es eine Dusche für jeden an diesem Ort! Als die Zahlen weiter anstiegen wurde aus dem Wunsch unseren eigenen Versammlungsort zu haben, eine Notwendigkeit. Wir beteten zu Gott, unserem himmlischen Vater, uns einen Ort zu geben, wo die Menschen sich weiter treffen und ihre Erlebnisse erzählen konnten. Er antwortete 1998 auf wundersame Weise, indem er uns ein Grundstück in Kacyiru gab. Wir planten, dort unser eigenes Zentrum zu bauen.[13]

Wir empfinden große Dankbarkeit, dass World Relief bereit war, unsere Treffen auf ihrem Gelände stattfinden zu lassen, bis der Herr im Jahr 2000 für unser eigenes Zentrum sorgte.

Der Dienst entfaltet sich

Ich war mir zwar sicher über meine Berufung von Gott, aber ich konnte nicht erkennen, wie es ohne Mittel ganz praktisch gehen sollte, auf die notwendigsten Maßnahmen sowie auf die Nöte der Hilfsbedürftigen reagieren zu können.

Etwa zu dieser Zeit, im Jahr 1994, als ich mir diese Gedanken machte, traf ich John Roberts, einen amerikanischen Pastor auf Besuch in Rwanda. Ich erzählte ihm von der Vision, die ich hatte, den Dienst von Solace Ministries aufzubauen, um Witwen und Waisen trösten zu können. Er forderte mich mit einer Frage heraus und bestand zwei Mal darauf: „Bist du sicher, dass es Gott ist, der dir gesagt hat, dies zu tun?" Ich antwortete: „Ja."

---

[13] Siehe Kapitel 5 „Der Gott der unbegrenzten Möglichkeiten", wie dies geschah.

41

Daraufhin sagte er ruhig, aber vollmächtig: „Dann musst du alles dafür geben, dich selbst, deine Zeit, deine Familie und auch dein Geld. Wie viel bist du bereit zu geben?" Ich zögerte in der Annahme, dass ich vielleicht nicht verstand, was er gesagt hatte. So wiederholte er langsam: „Wie viel bist du bereit zu geben?"

Daraufhin antwortete ich ihm, dass ich immer einen bestimmten Betrag geben würde. Ab dem Zeitpunkt versprach ich diese regelmäßige Spende zu geben, egal wie auch die Umstände sein würden, ob ich ein Gehalt haben würde oder nicht. Er versprach, sechs Monate lang eine regelmäßige Spende für Solace zu schicken, was er auch tat. Es war die erste Person, außerhalb von Ruanda, die den Dienst finanziell unterstützte. Ich verstand, dass ich in diesem Dienst war, um zu geben und nicht um zu empfangen.

Von Anfang an steuerte auch World Relief, die Organisation für die ich arbeitete, etwas Geld bei.

Nach und nach fingen Menschen an, national und international, den Dienst zu unterstützen. Ein ruandischer Geschäftsmann in Kigali war überzeugt davon, die Arbeit zu unterstützen und zusammen mit seinem Beitrag konnten wir einigen Waisen ermöglichen, zur Schule zu gehen.

Im Januar 1995 organisierten Witwen des Völkermords ein Treffen, an dem mehr als 400 junge und ältere Witwen teilnahmen. Das Treffen sollte der Start für eine Vereinigung der Witwen des Völkermordes von 1994 werden, woraus später AVEGA[14] wurde.

---

[14] Association des Veuves du Génocides d'Avril (Vereinigung der Witwen des Völkermordes des April

Aufgrund der Arbeit, die ich bereits begonnen hatte, um Witwen zusammenzubringen, war es ein Vorrecht für mich unter den wenigen Männern zu sein, die eingeladen wurden. Die Versammlung brach in Tränen aus. Alle weinten. Das ließ mich das Ausmaß meiner Berufung erkennen. Gott wollte alle diese Menschen trösten!

Die Vorgehensweise der Trostdienste als ein christliches Werk basierte immer auf dem Wort Gottes und biblischen Prinzipien. Einige Menschen fingen an zu verstehen, dass Gott als „Vater der Waisen"[15] und „Ehemann von Witwen"[16] eintreten kann.

Ich erinnere mich an eine Witwe in Kigali, die nur 2 km vom Zentrum entfernt wohnte – sie besaß nichts. Eines Tages war sie wirklich verzweifelt. Sie hatte nichts zu essen für ihre Kinder. Sie ging in ihren Schlafraum, legte sich auf den Rücken und schaute einfach nach oben. Sie wusste nicht, was sie tun könnte. Ein Mann suchte sie auf und sagte: „Ich denke du kannst etwas Fleisch für deine Kinder gebrauchen" und gab ihr 3000 RWF. Sie hatte zu Gott gebetet, aber niemandem von ihrer Not erzählt. Am selben Tag kam eine weitere Person vorbei, aus der Stadt Byumba etwa 60 km nördlich von Kigali. Sie brachte ihr Kochbananen, Reis und Bohnen. Danach rief mich diese Witwe an und erzählte mir, was passiert war. Sie begann mit den Worten: „Ya Mana yawe nayibonye" (Diesen, deinen Gott habe ich gesehen). Ihre Erfahrung zeigt unseren Ansatz in der Seelsorge: Menschen zu Gott zu führen, der der Versorger ist und der Gott allen Trostes.

---

[15]   Psalm 68,6

[16]   Jesaja 54,5

Als der Dienst sich ausweitete, präsentierte ich den Leitern von World Relief die Vision. Mein Supervisor hat mich wirklich unterstützt, aber er machte klar, dass der Dienst keine Abteilung von World Relief sein kann. Er gab mir stattdessen den Rat, den Dienst als lokale und einheimische Organisation registrieren zu lassen. Daraufhin starteten wir den Registrierungsprozess für Solace[17] Ministries.

1999 beantwortete Gott unsere Gebete für unser eigenes Versammlungsgebäude. Deutsche Freunde aus Frankfurt hatten uns etwas Geld geschickt. Sie erlaubten uns, ihre Gabe zu benutzen, um mit dem Bau des Erdgeschosses eines ersten Gebäudes auf unserem Land zu beginnen, das wir 1998 auf wunderbare Weise bekommen hatten[18]. Dieser Gebäudeteil wurde für die Büroarbeit und die Seelsorge benutzt. Es gab auch einen Versammlungsraum für ungefähr 100 Personen.

Im Dezember 2000 beendete ich meine Anstellung bei World Relief, um Vollzeit für die Solace Ministries arbeiten zu können. Immer mehr Menschen begannen nach den Angeboten des Dienstes zu fragen. Das Arbeitspensum nahm beständig zu. Es erforderte erste Mitarbeiter: einen Wachmann, eine Reinigungskraft, einen Buchhalter und eine Person, die Waisen für die Ausbildung registrierte.

---

[17]   Das Wort für trösten in unserer Sprache, Kinyarwanda, ist „humura". Es war in jenen Tagen weit verbreitet. Um unserer Berufung zum Trost aus dem Wort Gottes zu folgen, wählten wir stattdessen das Wort „Solace" (Trost), da es am besten das Konzept unseres wachsenden Dienstes ausdrückt

[18]   Siehe Kapitel 5 „Der Gott der unbegrenzten Möglichkeiten", wie dies geschah.

Es war nicht leicht ihre Gehälter zusammenzubekommen, aber es fanden sich einige Unterstützer, denen diese Not bewusst geworden war, und diese trugen auch etwas zu den Gehältern der Mitarbeiter bei.

TRÖSTET, TRÖSTET MEIN VOLK

Zerbrochene Leben

Meine vier Kinder, mein Ehemann sowie alle meine anderen Verwandten wurden während des Völkermordes getötet. Ich wurde von den Interahamwe Milizen gefoltert. Ich durchlebte viele Leiden und Schmerzen. Ich war an einen Baum gefesselt. Banden von Interahamwe kamen und vergewaltigten mich, einer nach dem anderen. Ich konnte den Ort nicht verlassen. Jeder, der wollte, kam und vergewaltigte mich. Ich bin jetzt behindert...

Tagsüber flüchte ich mich in mein Bett. Meine Gedanken kreisen ständig und ich denke über meine leidvolle Lage nach. Nachts kann ich nicht schlafen. Die Täter wissen, dass ich bezeugen kann, was geschah und wer es getan hat, und drohen mich zu töten. Sogar heute fürchte ich mich. Ich bin ständig traurig und weine sehr viel. Ich lebe in einer kleinen Hütte und habe Angst sie könnte jederzeit zusammenbrechen.
Wenn ich ein Haus hätte, würde ich mich vielleicht erleichterter fühlen. Ich brauche eure Gebete.

Diese kurze Geschichte einer Witwe aus Nyagasambu ist beispielhaft für das Leid vieler anderer, die kamen und immer noch zu Solace kommen auf der Suche nach Trost und Heilung. Es ist auch ein Beispiel für die Lebensbedingungen von Überlebenden. Wir beteten mit ihr und schließlich sorgte Gott für das nötige Geld, um für sie ein Haus mit einem kleinen Stück Farmland an einem anderen Ort kaufen zu können. Auch wenn sie keine Angehörigen mehr hat, wurde die Solace Gemeinschaft in Nyagasambu für sie zu einer Familie.

Völkermord ist ein Verbrechen, das kein Verfallsdatum hat. Die Nachwirkungen bleiben ebenso jahrelang bestehen. Die Auswirkungen werden in verschiedenen Formen dauerhaften Leidens sichtbar und können über Generationen andauern.

Wie in einem „action replay"[19] in einem Film, können bestimmte Objekte oder natürliche Dinge einen „flashback"[20] im Kopf eines Opfers auslösen und so durchleben sie erneut die abscheulichen Erlebnisse aus ihrer Vergangenheit. Die Witwe aus Nyagasambu, die ihre Geschichte mit uns teilte, war immer voller Entsetzen, wenn sie nur an den Baum dachte, an den sie gefesselt war.

Dann gibt es diejenigen, die sich schuldig fühlen, weil sie überlebt haben. Männer, die während der Zeit des Völkermordes nicht zu Hause waren und die dann ihre ausgelöschten Familien vorfanden, fühlten sich dafür verantwortlich. Die vielen Selbstmorde wurden nicht nur durch Entmutigung und Hoffnungslosigkeit oder die Unfähigkeit, sich eine Zukunft vorstellen zu können, ausgelöst, sondern auch, weil in mehreren Fällen Menschen sich selbst nicht vergeben konnten, dass sie überlebt hatten.

---

[19]   Handlungswiederholung

[20]   Rückblende

Einer meiner Kollegen traf einen Mann in einem Restaurant in Kigali. Der Mann wurde von einem fünfjährigen Kind begleitet. Nachdem das Essen serviert war, brach der Mann zusammen und, anstatt zu essen, fing er an zu weinen. Mein Kollege fragte ihn, was nicht stimmte, und dies war seine sehr traurige Geschichte:

> *Meine Frau und meine Kinder und meine erweiterte Familie wurden alle getötet. Dieses kleine Kind hat als einziges überlebt. Ich war während des Völkermordes nicht da, also ist es mein Fehler. Ich muss immer bei diesem Kind bleiben, denn es gibt niemanden mehr, der sich um es kümmern kann.*

Diejenigen, die überlebt haben, nachdem sie sich an einem anderen Ort als ihre Lieben versteckt hatten, empfinden Schuld für den Tod der Ermordeten. Sie glauben, sie hätten zusammenbleiben und zusammen mit ihren Familien getötet werden müssen.

Jacqueline war eine Mutter von zwei Jungen und einem Mädchen. Als sie um ihr Leben rannten, verschwand die Tochter von ihrer Seite.

Nachdem die Mörder weg waren, ging sie zu ihrem Haus zurück und war schockiert, ihre Tochter von Macheten zerhackt in einem Graben am Weg liegen zu sehen. Sie konnte sich selbst nicht vergeben und entwickelte einen hohen Blutdruck, den kein Medikament normalisieren konnte. Nach einigen Besuchen bei den Solace-Treffen wurde sie auf wunderbare Weise davon geheilt.

Dann sind da andere, die es einfach nicht glauben oder sich eingestehen können, was ihnen und ihren Familien passiert ist.

Wir kennen Kinder, die immer wieder zu den Marktplätzen oder anderen belebten Orten gingen, um zu sehen, ob sie nicht schließlich doch noch ihre Eltern oder Geschwister treffen würden.

Das konnte auch mit Erwachsenen passieren. Eine Frau, jetzt eine Leiterin einer Solace Gemeinschaft, verbrachte mehrere Jahre lang Stunden an einer Hauptstraße, um zu sehen, ob ihr Mann, ein Fahrer, in seinem Lastwagen zurückkäme.

Opfer von sexueller Gewalt haben sichtbare und unsichtbare Wunden und Narben. Diejenigen, die von Gruppen vergewaltigt worden waren, hätten es vorgezogen zu sterben, anstatt weiterleben zu müssen. Da dies ein schwer zu überwindendes soziales Stigma ist, haben viele Opfer den Schmerz verinnerlicht und viele Jahre geschwiegen.

Schließlich haben sie Menschen aufgesucht, die sich ihre Geschichten vertraulich anhörten. Sie bleiben dauerhaft auf Trost und Ermutigung angewiesen.

Vergewaltigung machte auch vor Kindern nicht halt. Wir haben Kinder aufgenommen, die ab einem Alter von drei Jahren vergewaltigt wurden. Wir haben ebenso junge Männer und Jungen aufgenommen, die von Banden weiblicher Interahamwe vergewaltigt worden waren.

Der gemeinsame Nenner von Vergewaltigungsopfern ist das verinnerlichte Gefühl von Selbstverachtung und Stigma. Für junge Mädchen besteht darüber hinaus die Frage: „Was bin ich? Ich bin keine verheiratete Frau. ich bin auch keine Jungfrau. Also was bin ich?" Durch die Vergewaltigung fühlen sie sich erniedrigt und nicht mehr dieselbe Person - ein Zustand, der zutiefst traumatisiert.

Vergewaltigung führt auch dazu, dass Opfer sich selbst hassen und jeden um sie herum. Eine Frau, die 2002[21] in die Seelsorge kam, hatte aufgehört einen Spiegel zu benutzen, da sie glaubte, sie sähe schmutzig aus. Eine andere vergewaltigte Frau glaubte immer, sie würde stinken, auch wenn das nicht der Fall war.

Einige junge Leute und Kinder, die 1994 ihre Familien verloren hatten, erlebten in ihren Leben viele Herausforderungen aufgrund der fehlenden Unterstützung durch Erwachsene. Schon in einem zarten Alter wurde ihnen ihre Kindheit genommen. Wir haben erlebt wie Kinder, die erst zehn bis sechzehn Jahre alt waren, die Verantwortung geschultert haben, sich um ihre jüngeren Geschwister zu kümmern. Als die Jahre vergingen und einige das Erwachsenenalter erreicht hatten, wurde es zu einem Problem, sie davon zu überzeugen, dass sie jetzt erwachsen sind. Sie benahmen sich aufgrund ihrer Verantwortung wie Erwachsene, blieben jedoch Kinder in ihrem innersten Wesen.

Deshalb durfte man nicht überrascht sein, wenn ein junger Mann oder eine junge Frau von 30 Jahren sich vorstellte, und sich dabei Kind nannte, das deshalb Hilfe und Fürsorge benötigt. Dieser Zustand scheint sich nur zu ändern, wenn sie heiraten.

Dann ist da das Problem der Identität. Nach 1994 kamen viele Jahre lang Personen zu uns, die sich mit den Worten vorstellten: „Ich habe ein Problem" oder „Ich habe Probleme". Sie identifizierten sich nicht mit ihrem Namen, sondern mit ihren Problemen. Ihr gemeinsamer Name war „Problem". War das Problem beseitigt, identifizierten sie sich wieder mit ihren Namen.

---

[21]   Erst ab dem Jahr 2000 begannen viele Frauen sich zu öffnen und von diesen schrecklichen Erlebnissen zu berichten.

Dann gibt es auch die schwierige Situation der Familienidentität von Waisen, die als Babys von den toten Körpern ihrer Mütter aufgehoben wurden. Sie waren noch nicht in der Lage ihre Mutter zu kennen und sie können auch nicht wissen, wer ihre Verwandten sein könnten. 2013 traf Karin eine junge Frau, die ihr erzählte, dass sie ihre Familie nicht kannte. Sie sagte, dass ein Mann gekommen war, der behauptete ihr Vater zu sein. Später missbrauchte er sie und sie wurde schwanger. Jetzt wurde sie wieder allein gelassen, mit einem Kind.

Den eigenen Namen nicht zu kennen, kann auch ein Identitätsproblem verursachen. Als Jane, eine junge Frau, zu uns kam, stellte sie sich mit den Worten vor: „Ich kenne meinen Namen nicht".

Gefragt, wie das möglich sei, sagte sie, sie hätte sechs Namen! Sie erklärte:

> *Als Baby hat mich ein RPF-Soldat von dem toten Körper meiner Mutter aufgehoben. Er gab mir zwei Namen. Später übergab er mich an eine andere Familie. Sie gaben mir zwei Namen. Mein Problem ist, dass ich die Namen nicht weiß, die mir von meinen leiblichen Eltern gegeben worden waren, weil ich sie nicht kenne und auch keine meiner Verwandten. Darum sage ich, ich habe keinen Namen oder ich kenne meinen Namen nicht.*

Überlebende, die ihre Lieben nicht beerdigen konnten, leben in einem Dauerzustand der Trauer. Sie fühlen sich schuldig, weil sie nicht in der Lage waren, ihren Lieben eine angemessene Bestattung zu geben.

Viele Leichname wurden nie gefunden, weil sie in Massengräbern oder Fäkalgruben versenkt wurden oder in Flüsse geworfen worden waren.

Angesichts all dieser Beispiele unterschiedlicher Leiden und ihrer bleibenden Nachwirkungen erkannten wir, dass die Seelsorge das Zentrum aller Aktivitäten von Solace Ministries bleiben musste.

Die heilende Kraft des Wortes Gottes

In unseren Begegnungen mit den Menschen, die zu uns in die Seelsorge kamen, wählte der Heilige Geist in Seiner Weisheit für jeden immer individuell genau die passenden Worte des Trostes aus. Die Heilige Schrift wurde zu einem wirksamen Mittel in jeder Seelsorgeberatung. Die Kraft des lebendigen Wortes Gottes stellte Seelen wieder her, die völlig zerbrochen waren und gab Überlebenden Hoffnung auf das Leben in der Gegenwart und in der Zukunft. Heute bezeugen Hunderte von Überlebenden, dass sie in der vom Wort Gottes inspirierten Seelsorge verändernde, innere Heilung erfahren haben.

In den schwierigen Situationen, denen wir uns in der Seelsorge gegenübersahen, erhielten wir durch die Botschaft von Jesaja 53 eine überwältigende und nachhaltige Antwort. Gott zahlte einen hohen Preis für uns, damit wir Trost erfahren können und Frieden wiederhergestellt wird, wo es praktisch unmöglich scheint:

„Fürwahr er hat unsere Krankheit getragen und unsere Schmerzen auf sich geladen; ... er wurde, um unserer Übertretungen willen durchbohrt... die Strafe lag auf ihm, damit wir Frieden hätten, und durch seine Wunden sind wir geheilt worden."[22]

Dieses Wort kann wirkungsvoll auf das Leben von Überlebenden angewandt werden. Es drückt die rettende und heilende Kraft von Jesus Christus aus. Das Unmögliche wurde möglich gemacht durch den Sieg von Jesus am Kreuz. Die Witwen und Waisen, die zu uns kamen, waren nicht verantwortlich für das, was ihnen widerfahren war. Sie lebten mit anhaltenden Leiden und Schmerzen, die durch die Sünden anderer verursacht wurden, nicht ihrer eigenen.

Der Sieg am Kreuz reicht über die Rettung von der Sünde und ihrer Macht hinaus. Er wird auch mit den Folgen daraus fertig. Wir bemerkten, dass die Botschaft vom Kreuz ein neues Verständnis über die Beziehung zu Gott, dem Vater, eröffnete. Eine Beziehung, die einer überlebenden Witwe oder einer Waise die Kraft gibt, die erduldeten Leiden und Schmerzen zu überwinden. Mehr noch, Gott nimmt nicht nur Anteil an dem Leiden seiner Menschen, er leidet auch selbst mit ihnen. Die Bibel sagt in Jesaja 63,9:

„Bei all ihrer Bedrängnis war er auch bedrängt."

---

[22] Jesaja 53,4-5

Der Vater der Vaterlosen

Im August 2000 fand das erste Kindercamp zur Traumaheilung statt mit Spielen, Bibellehre und Sport. Das Thema dieses ersten Camps war: „Du bist etwas Besonderes". Das nächste Camp hatte zum Thema: „Ihr seid Kinder Gottes".

Diese Camps und alle, die folgten, erwiesen sich als effektive Möglichkeit, verwaisten Kindern und Jugendlichen Trost und Heilung zu bringen, indem sie Gott als den Vater der Vaterlosen entdeckten.

Ein Kind, das erst vier Jahre alt war als seine gesamte Familie 1994 getötet wurde, konnte seit der Zeit nie auch nur eine Träne vergießen. Als Solace in seiner Heimatregion ein Camp organisieren konnte, war der Junge 11 Jahre alt.

Nach der letzten Veranstaltung folgte mir der Junge nach draußen, klammerte sich an meinem Ärmel fest und fing an zu weinen. Andere Kinder riefen laut: „Yee, wir haben Jack noch nie vorher weinen sehen."!

Dadurch verstand ich eine wichtige Sache: Man weint meistens, wenn eine Person da ist, die zum Trösten bereit ist. Manchmal, wenn der Schmerz tief und unerträglich ist, verschwinden alle Emotionen und lassen den Leidenden in einem Zustand der Betäubung zurück, wie es das Beispiel von Frances zeigt:

Frances war erst sechs Jahre alt, als er seine Eltern verlor. Er und seine Geschwister gingen und lebten mit ihrer Großmutter. Nach vier Jahren konnte die Großmutter sie nicht mehr versorgen. Im Alter von zehn Jahren wurde Francis das Oberhaupt der Familie und kümmerte sich um seine drei jüngeren Geschwister.

Als er zwanzig war, bezeugte er, dass er seit dem Verlust seiner Eltern und anderer Verwandter nie eine Träne vergossen hätte. Frances weinte erst 2013 zum ersten Mal, nachdem er Jesus Christus in sein Leben aufgenommen hatte.

Die Kindercamps sind zu einem regelmäßigen Bestandteil unseres Dienstes geworden. Sie werden dreimal pro Jahr in den Schulferien im April und Ende Juli durchgeführt. Jedes Jahr finden Camps an fünf verschiedenen Orten statt mit insgesamt etwa 2000 Waisenkindern und jungen Leuten. Während der langen Schulferien[23] im Dezember wird ein besonderes Weihnachtscamp für alle Kinder von 5 bis 18 Jahren im Solace Zentrum organisiert.

Bei unseren Arbeitscamps halfen junge Leute beim Hausbau für Witwen und Waisen mit. Die Reparatur- und Bauarbeiten für die Obdachlosen waren ein eindrucksvolles Beispiel von tätiger Liebe.

Unsere Freunde Don und Lorna Miller aus Kalifornien haben eine große Liebe und Besorgnis für die jungen Leute. Sie verschifften 200 Fußbälle für die Solace Jugend. So entstand das Solace Fußballteam, um jungen Menschen Zeit zum Spiel und Zusammensein zu geben, als weiteres Hilfsmittel zur Trauma Heilung.

„Ansteckende" Heilung

Einige Jugendliche bildeten eine Theatergruppe, die zu einem großartigen Werkzeug geworden ist, um die gute Nachricht des Trostes unter jungen Menschen und Witwen zu verbreiten. Es war eine Möglichkeit, Überlebenden zu dienen, die unter posttraumatischer Belastungsstörung litten.

---

[23]   Oktober-Januar

Eine Solace Gesangsgruppe fing an, aus eigenen Texten und Melodien Lieder zum Trösten zu komponieren. Daraus entstand der Solace Chor, der den Besuchern bei den Treffen und Gottesdiensten im Solace Zentrum in Kigali dient. Der Solace Chor hatte auch Gelegenheiten außerhalb von Rwanda aufzutreten. Die erste CD[24] konnte im neuen Solace Aufnahmestudio erstellt werden.

Der Herr ermöglichte das Studio durch die Gabe der South Over Church mit Rob und Jan Hoys in England und der Hilfe von Spezialisten für die Einrichtung.[25] Das Studio wird für seine Topqualität in der Ruandischen Musikszene gelobt. Die erste CD war 2009 erhältlich. Im selben Jahr war der Chor auch zu einer Konzertreise in Deutschland eingeladen.

Witwen begannen gemeinsam als Teams Besuche zu machen, um ihre Zeugnisse weiterzugeben. Wie bereits erwähnt wurden daraus in einigen Fällen Zeiten der Tränen. Zusammen zu weinen, hilft Lasten abzulegen und zu teilen. Frauen, die vergewaltigt und mit HIV infiziert wurden, haben andere ermutigt, sich testen zu lassen. Trauriger weise wurden viele als HIV-positiv bestätigt. Anhaltende Unterstützung und Seelsorge sind erforderlich zusammen mit der entsprechenden Behandlung.

2010 organisierte sich die Jugend in Hoffnungsteams. Diese Teams von jungen Leuten ziehen in regelmäßigen Abständen los, um ältere und kinderlose Witwen zu besuchen und ihnen zu helfen.

---

[24] Ergänzung von Karin: „mit wunderschönen und bewegenden Liedern!"

[25] Siehe Kapitel 5 „Der Gott der unbegrenzten Möglichkeiten", wie dies geschah.

Eine „Ersatz"-Familie

Witwen und Waisen zusammenzubringen hat eine große Wirkung in ihren Leben. Diejenigen ohne Familienangehörige fanden so Brüder und Schwestern, Mütter, Väter, Onkel usw. Eine Ersatzfamilie entstand.

Wir haben es von Anfang an gewusst und gesehen, dass die bloße Versorgung mit materiellen Gaben, die erlittenen Leiden von Überlebenden nicht lindern kann. Es kann nur ein sehr begrenzter, nicht lebensbefähigender und nicht nachhaltiger Weg sein, und hilft nicht wirklich, wahre Heilung zu ermöglichen. Denn materielle Dinge können niemals den Verlust der liebsten „Werte" von allen ersetzen – unserer Lieben.

In Rwanda wird das Leben eines Einzelnen immer als zu einer Familie gehörend angesehen, nie individualistisch. Kein Ereignis, sei es Heirat, Geburt oder Beerdigung ist vorstellbar, ohne dass die gesamte Familie involviert ist und teilnimmt. Solace übernimmt diesen Platz als neue Familie und repräsentiert die fehlenden Familienmitglieder bei jedem Anlass im Leben jedes Einzelnen, sowohl in glücklichen als auch in traurigen Zeiten. Das ist ein wunderbares Geschenk von Gott.

Ab 1995 beschlossen wir gemeinsam Weihnachten zu feiern. Weihnachten bedeutet in Rwanda, dass die gesamte Familie zusammenkommt, um zusammen gut zu essen und zu trinken. Arme Leute können es sich nur einmal im Jahr leisten, Fleisch zu essen: an Weihnachten.

Unsere erste gemeinsame Weihnachtsfeier mit dem ersten gemeinsamen Weihnachtsessen hatten wir auf dem Gelände von St. Paul in Kigali.

Als Solace dann sein eigenes Land besaß, waren die Frauen sehr aufgeregt, nun ‚zu Hause' selber für Weihnachten kochen zu können.

Während der Weihnachtsfeiern war es sehr bewegend zu sehen, wie die verschiedenen ländlichen Gemeinschaften, alle ein Teil der landesweiten Solace Familie, Nahrungsmittel und Geschenke auf ihren Köpfen mitbrachten, um ihre Ernteerträge mit denen in Kigali zu teilen. Später dann würden die jungen Leute, die inzwischen an der Universität studierten, Weihnachtsgeschenke für die kinderlosen Witwen bringen.

Einsame Menschen können während dieser Familienzeit depressiv werden. Viele Überlebende haben ihre Familien verloren und sind allein zurückgeblieben. Festzeiten können bei den Überlebenden in Rwanda verschiedene Formen posttraumatischer Belastungsstörungen auslösen. Das Weihnachtsfest, das ein Tag des Friedens und der Hoffnung sein sollte, kann zu einem schrecklichen Tag der Verzweiflung und Trauer werden. Weihnachten zusammen in einer Ersatz-Familie zu feiern, leistet einen Beitrag zur Trauma Heilung und ist ein Bestandteil unserer regelmäßigen Aktivitäten.

An Weihnachten konnten bis zu 800 Witwen und Waisen in Kigali zusammenkommen, aber das umfasste nicht alle Mitglieder der inzwischen 60 Solace Gemeinschaften. 2014 wurde deshalb entschieden, Weihnachtsfeiern mit verschiedenen Gemeinschaften in ihren Heimatgebieten zu organisieren, damit alle eine Möglichkeit hatten, an einer Weihnachtsfeier teilzunehmen, selbst diejenigen in entlegenen Gebieten.

Von absolut entscheidender Bedeutung ist die Ersatzfamilie während der jährlichen Gedenkperiode für den Völkermord von April bis Juli.

In dieser Zeit kommen die Erinnerungen an das, was im Völkermord geschah, in besonderer Weise wieder hoch. Manchmal geben freigelassene Mörder, die ihre Zeit abgesessen und ihre Taten bereut haben, die Orte preis wo die Ermordeten vergraben sind. Das ist der Grund weshalb bis heute Überreste von Familienangehörigen während dieser Gedenkzeit bestattet werden. Eine richtige Beerdigung für die geliebten Menschen und Familienmitglieder zu halten, ist eine Quelle des Trostes für Überlebende. Deshalb ist die gegenseitige Unterstützung während der Trauerperiode besonders notwendig.

In den Jahren seit 1995 gab es viel Weinen während der Gedenkperiode. Das Trauern wurde nun zum Tanzen, zum Lob Gottes für die Leben, die wiederhergestellt worden waren. Eine Verwandlung von Asche in Schönheit, von Verzweiflung in Loben, die Erfüllung der Verheißung Gottes, die Trauernden zu trösten.[26]

---

[26]   Jesaja 61, 2-3

GETRÖSTET, UM ANDERE ZU TRÖSTEN

Komm und sieh

In unserem Dienst konnte man ab den ersten Treffen ein Phänomen beobachten. Diejenigen, die Trost gefunden hatten, sagten es umgehend anderen weiter und luden sie ein, zu kommen und es für sich selbst zu sehen - fast wie bei den ersten Jüngern von Jesus[27]. Auf diese Weise bildeten sich Gemeinschaften und die Zahl derer, die trösteten und andere unterstützten, vervielfältigte sich.

Beata, die als Mama Lambert bekannt ist, hörte durch eine Cousine ihres Mannes von Jeans Arbeit in Solace. Hier erzählt sie einen Teil ihrer Geschichte:

> *„Mein Heimatort befindet sich in der Südprovinz. Im Völkermord verlor ich meinen Ehemann, fünf meiner Kinder, meine Eltern und alle meine Schwestern und Brüder. Drei meiner Kinder überlebten. Ich war danach tief traumatisiert. Ich konnte nicht begreifen, was mir passiert war. Mein Haus war zerstört, die Kühe aufgegessen, meine gesamte Familie dezimiert. Aus Sicherheitsgründen verließ ich meinen Heimatort und kam nach Kigali.*
>
> *Ich konnte es nicht länger ertragen, Beata genannt zu werden. Es war der Name, den mein Vater mir gegeben hatte, und er bedeutete: „Gesegnete".*

---

[27]   Philip findet Nathanael, Andreas seinen Bruder Petrus... Johannes1,40-46

Stattdessen bin ich jetzt einfach nur Mama Lambert. Lambert ist mein jüngster Sohn. Er war erst ein Jahr alt beim Völkermord. Gott hatte uns beide, mich und Lambert, während der drei Monate bewahrt, in denen wir uns in Gebüschen versteckten. Es war Regenzeit und die Mörder jagten uns mit Hunden. Ich akzeptierte, Mama Lambert genannt zu werden, weil mich das an die Macht und den Schutz Gottes in dieser Zeit erinnert.

Als ich nach Kigali kam, konnte ich nicht schlafen. Ich wäre lieber tot gewesen, anstatt zu leben. Die Cousine meines Mannes hatte Jean bei einem der Witwentreffen kennengelernt. Jean tröstete sie mit Gottes Wort. Als ich mit ihr zu einem Treffen ging, waren etwa 10-12 Frauen da. Jean gab uns die Gelegenheit unsere Geschichten miteinander zu teilen. Wir trafen uns weiter an einem Samstag pro Monat und fuhren fort unsere Erlebnisse zu erzählen, aber am Meisten weinten wir mit vielen Tränen. Es war eine Gelegenheit, unsere Verwandten zu beweinen.

Nachdem ich getröstet war, begann ich 1996 als Freiwillige andere zu trösten. Ich begleitete Jean auf Besuchen. Manchmal kam auch die Cousine meines Mannes mit. Sie war eine Mitarbeiterin von AVEGA.

Ich war Lehrerin, aber ich konnte nach dem Völ-
kermord nicht mehr mit Kindern arbeiten. Ich
begann 1997 in einem Büro zu arbeiten".

Im Mai 2002 wurde Mama Lambert ein Vollzeitmitglied im Solace Team in der Seelsorge von Witwen. Mama Lambert hat eine besondere Gabe, andere Witwen und Waisen zu trösten, die hilfesuchend zu ihr kommen. Sie ist jetzt die Koordinatorin der Seelsorgearbeit und eine starke Säule von Solace Ministries.

Nyanza

Der Herr legte uns den Wunsch aufs Herz den Heimatort von Mama Lambert, Nyanza, zu besuchen. Als wir zum ersten Mal dort waren, sprach Gott zu uns durch eine Botschaft in Jesaja 61,1-7. Sie wurde zu einer besonderen Verheißung für Solace:

> *„... um zu trösten alle Trauernden..., dass ihnen Schönheit statt Asche gegeben werde..., dass sie genannt werden Bäume (oaks[28]) der Gerechtigkeit, zu seinem Ruhm."*

Es ist wunderbar zu sehen, wie sich alle Verheißungen daraus buchstäblich erfüllt haben.

Der Bürgermeister von Nyanza staunte über das Wirken des Heiligen Geistes unter den Witwen. Gewöhnlich hatten die Witwen vor seinem Büro Schlange gestanden, um sich zu beschweren und um Hilfe zu betteln, aber dies nahm ab, nachdem Witwen getröstet worden waren. Der Bürgermeister kam, um uns zu treffen und zu fragen, was wir den Witwen und Waisen in Nyanza geben würden.

---

[28]   Eichen in der englischen Bibel

Die Antwort war sehr einfach: Nicht wir gaben etwas, sondern der Herr!

Wir erlebten wie großartige Heilungen erfolgten. Einige junge Leute, die den Schulbesuch aufgegeben hatten, gingen wieder zur Schule. Viele andere wurden ermächtigt, mit ihrer Ausbildung anzufangen. Es gab einen jungen Mann, Oberhaupt einer Familie, der ein Drogenabhängiger geworden war und dessen Geschwister mit der Angst lebten, geschlagen zu werden. Nach dem Besuch von Solace war er geheilt worden. Er ging zurück in die Schule und ist jetzt jemand, der an der Universität graduierte und eine Arbeit hat.

Viele waren so schwer traumatisiert, dass sie häufig ins Psychiatrische Krankenhaus von Ndera mussten. Durch das heilende Wirken Gottes konnten sie zu einem normalen Leben zurückkehren, ohne Notwendigkeit für weitere psychiatrische Behandlungen. Eine Frau hatte ihre Stimme verloren. Sie war während des Völkermordes stumm geworden und konnte viele Jahre nicht sprechen. Jetzt lobt sie den Herrn mit ihrer Stimme. Nyanza war die erste Solace Gemeinschaft, die Kühe bekam, gegeben von Callum Henderson aus Schottland. Mit Hilfe von Freunden in Kalifornien erhielt jede Familie auch eine Ziege.

Die Arbeit in Nyanza wuchs sehr schnell und erreichte viele andere Gebiete in der Nähe. So entstanden neue Gemeinschaften in Gatagara, Ruhango, Kabagari, Muyira und Rusatira. Heute hat Nyanza, 13 „Tochter" Gemeinschaften ringsum.

Mugina

Speziosa, die aus Mugina stammt und heute die Leiterin der Gemeinschaft in Nyamata ist, einem anderen Gebiet südlich von Kigali, lud zwei Witwen zu Solace in Kigali ein. Die zwei Witwen baten daraufhin um einen Besuch von Solace in ihrem Heimatgebiet.

Die Solace Gemeinschaft in Mugina begann 2006 mit 100 Familien aus Witwen und Waisen, zusammen 450 Personen. Ihr Versammlungsort war unter einem Akazienbaum in der Nähe des Massengrabes ihrer Lieben. Das ging viele Jahre so. Die Mehrzahl der Menschen sind Witwen des Völkermordes gegen Tutsi von 1994. Viele von ihnen haben schreckliches Leid und Elend durchlebt. Einige von ihnen gehören zu den wenigen Überlebenden des Massakers auf dem Hügel von Mugina, als auf einem Kirchengelände und im Amtsgebäude von Mugina etwa 33 000 Menschen getötet wurden, einschließlich des Bürgermeisters von Mugina, weil er sich den Tötungen widersetzt hatte.

Unter den Überlebenden erzählten zwanzig Frauen die Geschichten ihrer Vergewaltigungen. Traurigerweise wurde bei sechzehn von Ihnen HIV/AIDS beim medizinischen Test gefunden. Sie sind jetzt unter Beobachtung und in Behandlung.

Die Gemeinschaft hatte mit 30 Waisenkinderfamilien angefangen. Glücklicherweise sind einige der Waisen jetzt verheiratet und haben eigene Familien gegründet. Wir preisen Gott für seine Güte in ihren Leben.

Wir danken dem Herrn, dass Mugina, ebenso wie einige andere Solace Gemeinschaften, eine besondere Verbindung zu der internationalen Solace Familie hat.

Kwizera Ministries USA hilft beim Bau eines Gemeinschaftszentrums einschließlich einer Versammlungshalle. Zurzeit nähert sich der Bau der Fertigstellung. Als im Februar 2015 ein Team von Kwizera Ministries zu Besuch war, füllte die Weihnachtsfeier der Gemeinschaft den Rohbau der großen Halle. Es war das erste Treffen, das unter dem fertigen Dach stattfand. Das war eine gerade rechtzeitige Vorsehung, da es an dem Tag sehr stark regnete!

Jetzt jubeln die Menschen über die wiederhergestellte Hoffnung und sie vertrauen auf Gott. Ebenso wie auch alle anderen Solace Gemeinschaften, hat Mugina eine Gebetsgruppe, die sich regelmäßig trifft. Ein Gebetsnetzwerk wurde geschaffen und einmal im Monat kommen Vertreterinnen aus jeder Gemeinschaft nach Kigali ins Solace Zentrum, um gemeinsam für den Dienst von Solace and für die Solace Partner weltweit zu beten.

Geh und sag es weiter

Rwamagana, Kayonza und Murambi

Kurz nach dem Völkermord im Oktober 1994 und bevor ich bei World Relief anfing, habe ich in verschiedenen Lagern im Osten und Süden von Rwanda mit unbegleiteten Kindern gearbeitet. Während meiner Besuche in diesen Gebieten wurde ich Zeuge von Trauer und von Gram, die die Gesichter der Menschen zeichnete. Diese Bilder gingen mir nicht mehr aus dem Kopf. Ich fühlte in mir einen starken Drang, dorthin zurückzukehren. Ich wollte die Menschen wiedersehen, von denen ich wusste, dass sie Trost brauchten.

1996 konnte ich endlich mit einem Team von Solace dorthin zurückkehren, um an einem Treffen mit Hunderten von Witwen teilzunehmen. Ermöglicht wurde es durch AVEGA, der neu eingerich-
teten Organisation für Witwen des Völkermordes mit ihrem Zweig
in Rwamagama. Mehrere weitere Treffen wurden in Kayonza und
Murambi organisiert. Wir brachten ihnen die Botschaft des Trostes. Als Ergebnis wurden viele Leben wiederhergestellt mit gewalti-
ger Hoffnung für das Leben. Sie sind dem Herrn bis heute dankbar.

Als ein Dienst mit ganzheitlicher Herangehensweise konnten wir
uns auch einiger der drückendsten Nöte annehmen, wie Obdach
und Armut. Mit der Unterstützung von Dr. Laurent Mbanda und
seiner wohltätigen Organisation „Calm" waren wir in der Lage den
Familien der Witwen in diesen drei Gebieten, 300 Ziegen zu geben.
Hilfe für die Not bei der Unterbringung kam überwiegend von „Hilfe für Brüder" aus Stuttgart in Deutschland. In diesem Programm
bekamen 60 Familien ihre Häuser repariert oder neu gedeckt. Junge Waisen wurden für ihre Schulausbildung unterstützt und viele
Kinder- und Jugendcamps regelmäßig in Rwamagana organisiert.
Der Prozess der Heilung von Traumata wurde auf diese Weise auch
in dieser Region begonnen. Wieder war das Resultat, dass viele
Kinder, die mit ihrer Schulbildung aufgehört hatten, davon überzeugt wurden, diese wieder aufzunehmen. Diejenigen, in denen
alle Emotionen erstarrt waren, kehrten in ein normales Leben zurück.

Nyagasambu
Die Arbeit von Solace Ministries begann in Kigali, wo überwiegend
Migranten aus anderen Teilen des Landes lebten. Viele kamen aus
Sicherheitsgründen in die Hauptstadt.

Immer mehr neue Witwen besuchten weiterhin Solace in Kigali, um unsere Dienste in Anspruch zu nehmen. Sie begannen die Nachricht von Solace in ihren Herkunftsregionen weiterzusagen.

In ihren Heimatorten konnten Überlebende es nicht vermeiden, auf die Menschen zu treffen, die ihre Familien getötet hatten. Einige Mörder waren entlassen worden, nachdem sie ihre Strafe abgesessen hatten oder sie waren aus Mangel an Beweisen freigelassen worden. Diejenigen, die die einzigen Überlebenden ihrer Familien waren, lebten in beständiger Furcht angegriffen zu werden. Schlimmer noch, sie fühlten sich ausgestoßen. Sie hatten Angst. Trotzdem kamen nicht alle, um sich in der Hauptstadt niederzulassen. Viele blieben in ihren Heimatorten mit all den notvollen Begleit-umständen, die sie ertragen mussten. Leocadia[29] ist eine von ihnen.

Leocadia ist heute eine dynamische Frau und die Leiterin der Solace Gemeinschaft in Nyagasambu. Sie hat 2003 geheiratet und hat eine Tochter. Im März 2015 beschreibt sie in einem Interview wie die Situation in ihrer Heimatregion am Ende des Völkermordes war:

> *„1994 waren alle Häuser der Tutsi total ausgeraubt und zerstört. Die Mörder nahmen alles mit, die Ernte und auch die Tiere, die geschlachtet und gegessen wurden. Die Menschen, die überlebt hatten, hatten keinerlei Hoffnung auf eine Zukunft. Die Meisten waren behindert, Gliedmaßen waren abgeschnitten. Man konnte kaum jemanden finden, der in unserem Gebiet nicht verwundet worden war.*

---

[29] Name mit Erlaubnis gebraucht

Sie waren geschlagen worden oder sie bekamen Krankheiten wie Tuberkulose oder sie hatten Probleme, die durch innere Verletzungen verursacht waren. Auf den Straßen lagen viele Leichen und die Menschen befanden sich in einem Zustand des Wahnsinns. Viele Menschen nahmen sich das Leben. Andere begannen zu trinken, weil sie sonst nicht schlafen konnten.

Viele Unfälle passierten, weil sich zornige und traumatisierte junge Leute im Gebüsch versteckten und Steine und andere Gegenstände auf die Autos warfen."

Später traf Chantal, eine Dame, die mit AVEGA arbeitete, Jean Gakwandi in Kigali. In ihrem Gespräch mit Jean erzählte sie ihm, wie das Leben in Nyagasambu aussah und dass viele Menschen traumatisiert waren. Bei seinem ersten Besuch traf Jean dort auf 25 Witwen, die nahe beieinander in diesem Gebiet lebten. Nach diesem Treffen organisierten sich die Witwen selbst gemeinsam. Allerdings war es schwierig, da sie keine Führungsperson hatten.

Jean berichtet: „Es war in jener Zeit, dass ich Leocadia traf. Sie bekannte mir, dass sie dachte, niemand wäre an ihr interessiert, und dass sie meinte, vor Schmerz verrückt zu werden. Als sie begann, zu den Solace Treffen zu kommen, wurden die Lasten, die heftig auf ihr Herz drückten, leichter. Ihr gemeinsamer Weg mit Solace begann mit diesem ersten Treffen 1998."

Während der Dürreperiode von 1998 – 2000 war Leocadia eine unschätzbare Fürsprecherin für Hilfsaktionen für die Bedürftigsten in Nyagasambu.

Sie berichtete uns, dass die Hungersnot das Überleben in ihrer Heimatregion bedrohte. Mit der Unterstützung von Freunden in Schottland und USA, die auf diese Notsituation reagierten, konnte Solace den Menschen mit der Verteilung von Nahrungsmitteln und Saatgut helfen. Außerdem konnten wir den 25 Personen, die wir zum ersten Mal getroffen hatten, fünfundzwanzig Ziegen geben.

Am Ende des Jahres 2000 wurde Leocadia ihre Leiterin und begann mit der Organisation der Gemeinschaft, in der es viele Witwen und viele junge Leute gab:

Vedaste war mit 13 Jahren das Oberhaupt einer Familie. Er hatte mit seiner Mutter und Schwester überlebt, nachdem sie ihren Vater verloren hatten. Die Mutter war jedoch vergewaltigt worden und wurde schwanger. Sie starb und hinterließ das Baby. Vedaste und seine ältere Schwester mussten sich um sich selbst und das Baby kümmern. Dann heiratete seine Schwester. Vedaste musste sich nun mit seinen 13 Jahren um seinen 4 Jahre alten Bruder kümmern. Man sah ihn immer, wie er seinen Bruder auf dem Rücken trug. Sie lebten allein.

Leocadia bot sich freiwillig an, viele Kinderfamilien und zutiefst traumatisierte Witwen, alte wie junge, die kinderlos zurückgeblieben waren, ausfindig zu machen. Die Anzahl der Menschen, die sich der Solace Gemeinschaft anschlossen, stieg. Die Gemeinschaft startete mit 25 Kinderhaushalten und 75 Witwenfamilien. Heute sind es 150 Kinder und 150 Frauen in der Gemeinschaft in Nyagasambu.

Leocadia berichtet weiter:

„Es gab die Witwen und es gab auch eine Gruppe junger Leute, die Familien vorstanden. Sie lebten in derselben Gemeinschaft. 2001 wurden eigene Treffen für die jungen Leute begonnen. Die jungen Leute bekamen bei jedem Treffen auch zu essen. Jean begann den jungen Leuten zu zeigen, wie sie arbeiten konnten. Solace kaufte für sie Hacken, Macheten und Saatgut, um ihre Felder bestellen zu können.

Solace Ministries stellte auch eine Menge Cassava-Setzlinge zur Verfügung, sowohl für die Witwen als auch für die jungen Leute. Aber diese praktische Unterstützung war nicht wichtiger als die Heilung unserer Herzen durch das Wort Gottes und Seelsorge.

2002 half Solace uns, die Gebeine unserer Lieben zu bestatten. Im selben Jahr fing Solace an, Kindern zu helfen, die Schule zu besuchen, Grund- und Oberschule. Sie sorgten für die Schulgebühren und Schulmaterialien; ebenso für Matratzen, Bettzeug und Toilettenartikel für diejenigen in Internatsschulen.

2003 gab Solace weitere 25 Ziegen für die Kindergruppe. Ab 2003 wurden die ersten 3 Kinderfamilien von verschiedenen Sponsoren aus USA und Deutschland unterstützt. Und die ersten Häuser wurden gebaut.

Ein Unterstützungsprogramm für Kinder sowie Familien oder Haushalt begann mit dem Patenprogramm von ORA international in Deutschland 2011. Heute sind es 60 Sponsoren.

Solace stellt den Witwen auch Mikrokredite zur Verfügung, um sich durch Landwirtschaft oder kleine Geschäfte ein eigenes Einkommen zu verschaffen. Die Witwen bearbeiten ihr eigenes Land und können mit diesen Krediten ihre Produktion verbessern. Vor Kurzem starteten einige mit Bienenzucht. Heute ist das Leben für uns viel besser."

Bicumbi

Leocadia ging in ihrer großartigen Arbeit, Notleidende ausfindig zu machen, auch nach Rubona im Bezirk Rwamagana im Osten. Sie sah, dass dort ebenfalls viele Waisen allein lebten und dass sie nicht nur Nahrungsmittel benötigten, sondern auch die Botschaft des Trostes - so wie die Witwen von Rubona. Die Gemeinschaft, die dort entstand, wurde Bicumbi genannt.

Zum ersten Treffen versammelten sich mehr als 300 Witwen und Waisen. Die Gemeinschaft wurde sehr dynamisch. Bereits wenige Tage nach dem ersten Treffen beschlossen sie, ihre eigenen monatlichen Treffen zu organisieren, denn das Zusammensein tröstete sie.

Bei unserem zweiten Besuch begannen die Menschen, sich zu öffnen, die Hassgefühle in ihren Herzen und den Verlust ihrer Hoffnung im Leben zu bekennen.

Eine Witwe sagte uns: „Wir haben zu essen, aber wir sind tot, innerlich und äußerlich. Was wir brauchen, ist die Botschaft des Trostes."

Heute sind die Menschen der Gemeinschaft Bicumbi für ihre Liebe zu anderen Gemeinschaften in Not bekannt. Zur Erntezeit nehmen sie sich immer der Armen an, besonders in der Hauptstadt Kigali, indem sie eine Menge an Nahrungsmitteln für die Bedürftigsten schicken. Sie trösten jetzt andere, weil sie getröstet wurden.

Sag Bugesera, Jesus rettet

Nyamata in der Region Bugesera

Eine Witwe, die regelmäßig die Treffen in Kigali besuchte, sah immer unglücklich und zornig aus. Ich beschloss mit ihr zu reden und fragte sie, warum sie immer so aussah. Sie attackierte mich mit zornigen Worten und sagte: „Wie kannst du erwarten, dass ich glücklich aussehe? Schau meinen Arm an. Siehst du diese Narben? Auf mich wurde im Völkermord geschossen und jetzt ist mein Arm gelähmt und ich kann ihn nicht mehr gebrauchen. Sie haben meinen Ehemann und meine Kinder getötet. Ich war schon 1963 eine Waise, als sie meine Eltern in Nyamata töteten, wo ich herkomme. Wie kannst du da erwarten, dass ich glücklich bin?

Das rief eine Erinnerung in mir wach. Kurz nachdem ich 1970 Christ geworden war, ging unsere Jugendgruppe nach Nyamata, um das Evangelium weiterzusagen. Ich war gerade erst Christ geworden und vielleicht noch nicht reif genug um zu verstehen, welche Situation den Lebensbedingungen der Menschen zugrunde lag, zu denen wir redeten. Aber ich bemerkte den Ausdruck von tiefem Leid in ihren Gesichtern.

Das Zeugnis dieser Frau ließ mich an eine Zeit von vor vielen Jahren zurückdenken. Ich erinnerte mich daran, dass ich als Kind, als unsere Häuser verbrannt und Menschen getötet worden waren, zur nächstgelegenen Missionsstation floh, um mich in Sicherheit zu bringen. Und da ist noch ein anderes Bild, das mir bis heute aus dieser Zeit von 1959 im Gedächtnis geblieben ist: Familien wurden auf Lastwagen verfrachtet und es wurde gesagt: „Baraciwe!"[30] Tatsächlich wurden sie in die lebensfeindlichen, wilden Gebiete von Bugesera deportiert, der östlichen Region Rwandas, wo heute Nyamata ist, und in weitere sehr entlegene Gegenden. Zur damaligen Zeit wurde diese Gegend von wilden Tieren bevölkert, Löwen, Elefanten, Büffel, Hyänen und verschiedenen Schlangenarten. Sie war auch mit der Tsetse Fliege und Malaria verseucht. Viele Menschen starben unter diesen harten Lebensbedingungen.

Ihre missliche Lage hörte damit noch nicht auf. Bei allen auftauchenden Problemen wurde unterstellt, ihre Wurzel wäre in Nyamata. Die Region war immer das erste Ziel für Tötungen und wurde zu einer Art Sündenbock für alle Probleme. Die Menschen fühlten sich wie unter einem Fluch. 1992 fand dort die „Generalprobe" für die „Endlösung" für die Tutsi statt, den akribisch geplanten Völkermord von 1994. Viele wurden damals getötet und ihre Häuser zerstört, um keine Beweise zu hinterlassen.

Mit all diesen Gedanken im Kopf, war es leicht, diese Frau zu verstehen. Es war gleichzeitig wie ein Ruf dorthin zu gehen, um die zu treffen, die überlebt hatten.

---

[30]   Diese sind abgeschnitten!

1997 ermöglichte AVEGA uns einen ersten Besuch. Dreihundert-fünfzig Witwen kamen aus Nyamata und der Umgebung zusammen. Darunter waren Überlebende, die sich im Papyrus Marschland der Flüsse Nyabarongo und Akagera versteckt hatten. Unter ihnen waren auch die sehr Wenigen, die die Massaker in den Kirchen von Ntarama und Nyamata überlebt hatten.[31] Es war eine Zeit bewegender Zeugnisse.

Am Ende sagte eine Frau:

> *„Wir haben verschiedene materielle Dinge von verschiedenen Organisationen erhalten, aber die Trauer in unseren Herzen ist geblieben. Wir benötigten diese Botschaft des Trostes."*

Regelmäßige Besuche folgten. Als in Bugesera 1998 eine schreckliche Dürre begann, die drohte die Region zu einer Wüste werden zu lassen, litten viele an der Hungersnot und Armut nahm überhand. Allerdings waren diese Frauen durch ihre harten Entbehrungen stark geworden. Sie waren keine Bettlerinnen. Man konnte ihre Not nur erkennen, indem man in ihre Gesichter blickte. Gemeinsam mit Callum Henderson aus Schottland beteten wir um Regen und vertrauten dem Herrn, dass er für das Geld für Nothilfemaßnahmen, wie Nahrungsmittel und Saatgut, sorgen würde. Beides, Regen und Geld, wurde gegeben. Wir glauben an einen erstaunlichen Gott!

Dies Mitzuerleben erneuerte die Hoffnung vieler Menschen und hatte Auswirkungen auf ihre Leben. Ihr Glaube an Gott wurde neu entfacht. Die Arbeit in der Gemeinschaft wuchs beständig.

---

[31] 5000 Menschen waren in Ntarama auf dem Kirchengelände getötet worden und 25 000 in Nyamata

Der Herr legte es wieder weltweit Menschen aufs Herz, auf die vielen Nöte, die noch vorherrschten, zu reagieren. Auf diese Weise konnten obdachlose Witwen und Waisenkinderfamilien eine Unterkunft bekommen. Vierzehn Familien haben nun ein eigenes Zuhause. Familien wurden mit Ziegen und Milchkühen zur Selbstversorgung befähigt. Musterfarmen konnten in Ntarama und Kayumba eingerichtet werden, um Erträge zu optimieren und Einkommen zu generieren.

In den Camps für die jungen Leute und Kinder kommen in Nyamata jedes Mal bis zu 400 junge Menschen zusammen. Solace wurde es ermöglicht, vielen von ihnen zu helfen in die Schule zu gehen, bis hin zur Universität.

Während einem der Jungendlager in Nyamata, 2003, sprach ein Bibelwort aus Hiob 14,7 zu uns:

„Denn für einen Baum gibt es Hoffnung: Wird er abgehauen, so sprosst er wieder, und seine Schösslinge bleiben nicht aus."

Es erschien uns wie eine prophetische Botschaft, die die Liebe Gottes für dieses Land ausdrückt, das so viele Tötungen erlitten hat. Die Botschaft bezog sich auf diese jungen Menschen. Sie waren in der Tat zarte „Schösslinge". Waisen sind eine verletzliche Gruppe, wenn sie keine erwachsenen Autoritätspersonen haben. Das bestärkte uns in der Verantwortung, die der Herr uns zugewiesen hatte, uns um diese „kleine Herde" von Kindern und Jugendlichen zu kümmern, die wie Lämmer ohne Hirten waren.

Sie benötigten ein spezielles „Weiden" durch Unterstützung, Schutz und Leitung in ihrem Leben, während sie erwachsen wurden, damit sie nicht von all den gängigen Ablenkungen in die Irre geleitet werden, wie Drogenmissbrauch, Unmoral oder Kriminalität.

Mit der Unterstützung unserer Freunde Don und Lorna Miller, begann Solace ein Programm für Teenager-Jungs und -Mädchen, genannt: Solace Aktion für moralische Standards, das auf biblischen Werten und Prinzipien basiert.

Besondere Jugendtreffen und Jugendgottesdienste finden statt, um ihnen in dieser verwundbaren Zeit ihres Lebens zu helfen, in der sie in besonderer Weise die Unterstützung von Eltern benötigen.

SOS Rufe

Kibuye

Witwen, die in Kigali Treffen besucht hatten, aber aus den Westgebieten Rwandas stammten, bettelten darum, dass wir ihre Heimatregion Kibuye, nahe am Kivu See, besuchten. Unser erster Besuch dort, 2001, zeigte uns, dass die entlegenen Teile dieser Region in der Tat zu den Bedürftigsten gehörten. Zu der Zeit waren diese Gebiete noch von keiner humanitären Organisation erreicht worden. Für die leidenden Menschen schien Selbstmord immer noch die beste Lösung. Die Menschen litten noch unter tiefsten Traumata und benötigten Trost. Eine Gemeinschaft wurde gegründet und regelmäßig besucht.

Es gab viele offensichtliche Nöte unter den Überlebenden in Kibuye. Wir konnten ihnen helfen, ihre Lebensbedingungen zu verbessern, indem wir ihnen Ziegen, Milchkühe, Hühner, Schweine und landwirtschaftliche Kredite gaben. Die Gemeinschaft wurde inzwischen auf drei verschiedene Orte aufgeteilt, um leichter erreichbar zu sein und die Entfernungen von bis zu 20km, um zu einem Treffen zu gelangen, zu verkürzen.

Besucher bringen ihnen Freude und zaubern ein Lächeln auf ihre Gesichter. Ein Team von „Inspire! Africa", aus Canada, besuchte sie 2014.

Diese Organisation ist eine Partnerschaft mit den Kibuye Gemeinschaften eingegangen und war behilflich bei der Beschaffung vieler der Tiere, die sie erhalten haben.

Kabagari und Kaduha

Eine andere Witwe flehte uns an, Kabagari, das Gebiet ihrer Herkunft im Süden, zu besuchen. Wir erhielten auch einen Hilferuf aus Kaduha, nur wenige Kilometer von Kabagari entfernt. Die Situation war vergleichbar mit der, die wir im Gebiet von Kibuye vorgefunden hatten. Es war überwältigend zu sehen, wie Menschen, acht Jahre nach dem Völkermord, noch verzweifelt Hilfe benötigten.

Etwa 60 Witwen kamen zu unserem ersten Treffen 2002. Wir teilten mit ihnen die Botschaft des Trostes und stellten ihnen die Liebe Gottes vor. Wir reagierten auch auf den Ruf, Kinderwaisenfamilien zu helfen and verpflichteten uns zu weiteren Besuchen. Nach unseren Besuchen fingen die Witwen an zusammenzukommen und Hoffnung für ihr Überleben wurde neu entfacht.

Die Witwen von Kaduha begannen sich zu öffnen und bekannten die Hassgefühle in ihren Herzen, besonders gegenüber ihren Nachbarn, die an den Tötungen ihrer Familien beteiligt waren.

Später ermutigte uns ein Kommentar des Exekutivsekretärs des Sektors in Kaduha: „Es ist erstaunlich zu sehen, wie anders sich die jungen Leute benehmen, seitdem ihr kamt. Sie sind jetzt bereit zur Schule zu gehen und haben aufgehört Drogen zu nehmen. Diese Frauen sahen aus, als hassten sie sich selbst und jetzt sind sie gepflegt und wollen arbeiten."

Eine Kirche in London, genannt Jesus House, wünschte sich, mit diesen Gemeinschaften verbunden zu sein. Es war ein Segen und ein Privileg diese Verbindung zu haben. Die praktische Unterstützung für die Gemeinschaften von Kaduha und Kabagari hat eine große Wirkung gehabt. Die Witwen verstanden, dass Gott wirklich um sie besorgt ist, dass er ein Vater der Vaterlosen und ein fürsorglicher stellvertretender Ehemann für Witwen ist.

Die Gemeinschaft von Kaduha spiegelt die Vision von Solace wider, die darin besteht, Liebe und Mitgefühl unter den Mitgliedern der Gemeinschaft auszudrücken. Wir sahen, wie sie füreinander sorgten und sich gegenseitig halfen, besonders wenn jemand krank war. Sie fungierten auch als Ersatzfamilie bei allen Ereignissen, ob fröhlich, wie eine Hochzeit, oder traurig, wie ein Todesfall.

Wir stellten fest, dass sich alle Dinge verbessern können, wenn Menschen erst einmal mit Gott verbunden sind. Das ist das Werk des Herrn.

Kommt her zu mir...

„... alle, die ihr mühselig und beladen seid, so will ich euch erquicken.“[32]

Jesus war von menschlichem Elend sehr berührt. Wir haben erlebt, wie leidende Menschen, die nicht zu den Überlebenden des Völkermordes gehörten, zu Solace kamen, um Trost zu suchen. Wir haben auch diese verwundeten Menschen im Namen Jesu aufgenommen.

Andere Witwen und Waisen

Vom Anfang unseres Dienstes an, kamen eine Menge anderer Witwen und Waisen, ungeachtet ihres Hintergrunds, auf der Suche nach Trost, zu Solace Ministries. Viele konnten zum ersten Mal weinen, als sie sich angenommen und geliebt fühlten. Sie hatten durch Mundpropaganda von Solace gehört. Da waren die Witwen und ihre Kinder, deren Ehemänner und Väter im Befreiungskrieg des Landes (1990-1994) im Kampf gestorben waren. Sie empfanden ein Gefühl der Identifizierung und Zugehörigkeit, wenn sie sich den Witwen und Waisen in Solace anschlossen.

Auch diejenigen, die durch HIV/AIDS zu Waisen oder Witwen geworden waren, fanden hier einen Ort, an dem sie nicht stigmatisiert wurden. Uns ist bewusst, dass die Gründe und damit die erlittenen Traumata für jeden individuell unterschiedlich sind. Allerdings ist eine Waise eine Waise und eine Witwe eine Witwe, egal aus welchem Grund. Der Verlust ihrer Lieben, den sie erlitten haben, ist ebenfalls nicht ersetzbar.

---

[32] Matthäus 11,28

Andere verwundete Menschen

Im Jahr 2000 begannen auch, Behinderte zu kommen. Blinde, Verstümmelte, Taubstumme und andere, infolge des Krieges oder aus anderen Gründen behinderte Menschen. Sie kamen, um ihre Schmerzen und Leiden „auszuschütten" und hofften Trost und Frieden zu finden.

Epiphanie mussten beide Beine amputiert werden, als sie erst 8 Jahre alt war. Sie wuchs abgelehnt und ausgestoßen auf und später verlor sie auch noch beide Eltern. Sie hat keine Brüder oder Schwestern. Niemand interessierte sich für sie, weil alle dachten, sie könne nur eine Bettlerin werden.

Jemand, den sie auf der Straße traf, sagte, sie solle zu Solace gehen, da sie glaubte, dass ihr dort geholfen werden würde. Epiphanie bezeugt jetzt, dass sie eine neue Familie hat. Solace ermöglichte ihr, ein eigenes kleines Geschäft zu haben, denn sie wollte nie eine Bettlerin sein.

TRÖSTE, HEILE, STELLE WIEDER HER

Ein ganzheitlicher Ansatz

Der Dienst der Barmherzigkeit, der uns gegeben wurde, um seine[33] Menschen zu trösten, wäre ohne eine umfassende Vorgehensweise nicht vollständig.

Das hat Jesus in Matthäus 25: 35,36, 40 gut aufgelistet:

> *„Ich bin hungrig gewesen, und ihr habt mich gespeist; ich bin durstig gewesen, und ihr habt mir zu trinken gegeben;*
>
> *ich bin ein Fremdling gewesen, und ihr habt mich beherbergt. Ich bin nackt gewesen, und ihr habt mich bekleidet;*
>
> *ich bin krank gewesen, und ihr habt mich besucht; ich bin gefangen gewesen, und ihr seid zu mir gekommen….*
>
> *Wahrlich, ich sage euch: Was ihr einem dieser meiner geringsten Brüder getan habt, das habt ihr mir getan!"*

Jeder Ansatz, der einen dieser Bedarfe auslässt, ist einfach nicht ganzheitlich. Das Ergebnis wird sicher sein, dass der gesuchte und gespendete Trost nicht nachhaltig ist.

---

[33] Bezieht sich auf Jesaja 40,1 (Anmerkung der Übersetzerin)

Darum war Essensversorgung für Hungernde, Unterkunft für Wohnungslose, Kämpfen gegen Armut, Sorgen für die Bildung der Waisen und medizinische Hilfe für Kranke von Anfang an Teil unseres Dienstes, um zu trösten, zu heilen und wiederherzustellen.

Jane kam in die Seelsorge. Sie war das Oberhaupt einer siebenköpfigen Familie, neben ihren drei eigenen Geschwistern gab es noch drei Cousins. Um diese Familie zu ernähren musste sie losgehen und als Tagelöhnerin jede Art von harter Arbeit annehmen. Aber der Lohn war sehr gering und reichte nicht aus, um sie alle zu ernähren. Sie lebten in einem Elendsviertel, eingepfercht in zwei winzige Räume ohne Mobiliar. Sehr oft hatten sie gar nichts zu essen. Jane hatte alle ihre Emotionen verloren und war mit ihren 17 Jahren hart geworden.

Während sie sprach, konnte ich meine Tränen nicht zurückhalten. Eine siebenköpfige Familie, kein Obdach, Hunger und Hungern, keine Schul-gebühren für die Kinder. All diese Dinge lasteten auf ihr, einem Teenager! Sie weinte nicht. Es war klar, um Jane trösten, heilen und wiederherstellen zu können, benötigte sie eine Unterkunft und zu essen. Ihre Geschwister mussten zur Schule gehen können und sie selbst ebenfalls.

Jane ist einfach ein Beispiel unter den Hunderten von Menschen, die zu uns kamen. Wir versuchen uns auf individueller Basis um Nöte zu kümmern, aber auch auf Familien- und Gemeinschaftsebene, wie im vorherigen Kapitel[34] beschrieben. Gott versorgte uns mit den Mitteln, um dies zu tun, indem er Menschen in Rwanda und weltweit motivierte, auf die unterschiedlichen Nöte zu reagieren.

---

[34]   Getröstet, um andere zu trösten

Ich war obdachlos

Auf dem Höhepunkt des Völkermordes im Juni 1994, als Tausende bereits getötet worden waren, hatte ich Gott gefragt, ob ich jemals wieder eine Chance bekäme, Kinder zu sehen. Gott versprach mir, durch sein Wort in Jesaja 49,20, viele Kinder:

> *„Die Kinder, die dir geraubt wurden, werden noch vor deinen Ohren sagen: Dieser Ort ist mir zu eng, gib mir Raum, dass ich wohnen kann."*

Direkt nach dem Völkermord wurde Obdach zu einer kritischen Angelegenheit für die Heimatlosen. Es war eine Herausforderung für Solace, denn viele kamen, um Hilfe zu erbitten. Es war schwierig, für alle eine sofortige Lösung zu finden. In mir waren Tränen der Dankbarkeit, gemischt mit Schmerz. Ich war Gott dankbar, dass es Menschen gab, die den Völkermord überlebt hatten, sowohl Kinder als auch Erwachsene. Diejenigen, die kamen, um Hilfe zu erbitten, waren eine Bestätigung, dass Gott viele Kinder für uns hatte, um für sie zu sorgen. Deshalb glaubte ich, dass Gott für Seine Kinder sorgen wird.

Nichtsdestotrotz, gab es einige unter ihnen in dermaßen desolaten Situationen und Nöten, dass wir nicht in der Lage waren, für sie eine Lösung zu finden. Sie verließen uns enttäuscht und entmutigt. Wenn jemand voller Erwartung und Hoffnung kommt, aber keine Hilfe erhält, verschlimmert es die ohnehin schwierige Situation und er/sie kann sich von Gott abgelehnt fühlen. Das schmerzt uns sehr. Allerdings haben Zeiten gemeinsamen Gebets und anhaltendes Beten zu wunderbaren Ergebnissen geführt.

Viele Menschen kommen zurück, um Zeugnis von Gebetserhörungen zu geben und das stärkt den Glauben von vielen weiteren.

Clarisse kam zu Solace Ministries, sie war verzweifelt über ihre Obdachlosigkeit. Sie erwartete, dass wir für sie ein Haus mieteten oder ihr helfen würden ein neues Haus zu bauen, um das Zerstörte zu ersetzten. Wir hatten kein Geld. Wir konnten nichts daran ändern, aber wir boten ihr an zu beten. Sie akzeptierte es, mit uns zu beten, aber sie war unglücklich. Sie erzählte anderen, dass sie enttäuscht war, weil wir ihr gesagt hatten zu beten, anstatt ihr zu geben, worum sie gebeten hatte. Schließlich gab der Herr uns Geld aus einer anderen Quelle und ein neues Haus konnte für sie gebaut werden. Das Ergebnis war, dass sie ihr Leben Jesus anvertraute und jetzt in ihrer Gemeinde sehr engagiert ist.

Wir danken Gott für seine Versorgung von vielen obdachlosen Witwen und Waisen, die nun ihr eigenes Zuhause haben.

Ich war hungrig

Notfallhilfe ist ein dauerhaftes Thema. In der City von Kigali leiden ältere Witwen und einige von Waisen geführte Haushalte häufig an chronischem Nahrungsmangel. Das passiert, weil sie kein Land für eigenen Anbau haben oder aber, besonders bei Älteren, weil sie weder die Kraft noch die Mittel haben, Land zu kultivieren. Kinder in Waisen geführten Haushalten konnten mehrere Tage ohne Essen sein.

Eines Tages machte ich mir Sorgen um eine Familie von sieben Teenagern, deren Familienoberhaupt 19 Jahre alt war. Als ich sie anrief, um mich nach ihrem Ergehen zu erkundigen, war ich schockiert zu erfahren, dass sie schon eine ganze Woche ohne Nahrung zugebracht hatten. Sie lebten nur von etwas Sorghum Mehl, in Wasser gekocht. Dies Getränk war ohne Zucker und darum nicht gerade schmackhaft! Wir versorgten die Familie mit einigen Nothilfe Lebensmitteln.[35] Das war allerdings keine dauerhafte, nachhaltige Lösung.[36]

Menschen stärken

Seelsorge kann inneren Frieden wiederherstellen und hilft Menschen, sich wieder in die Gesellschaft einzugliedern. Sie entfacht auch wieder neu das Verlangen nach Frieden mit Gott. Allerdings ist es offensichtlich, dass wiederhergestellter Friede und emotionale Stabilität von Armut unterminiert werden können und das kann einen Teufelskreis an Traumata schaffen.

Es war unverzichtbar eigene Lösungen zur Armutsbekämpfung zu finden und die Überlebenden mit Arbeiten zu beschäftigen, die dabei helfen, ein Gefühl von Würde durch Selbstversorgung zu entwickeln. Jeder Mensch hat Fähigkeiten, die gefördert werden können.

---

[35] Die Opfer an unseren Mittwoch und Sonntagtreffen werden für unseren Nothilfefond genommen

[36] Das Sponsorenprogramm für Waisengeführte Haushalte startete mit dieser Familie

Landwirtschaftliche Fähigkeiten

In den ländlichen Gebieten leben die meisten Menschen von der Existenzlandwirtschaft. Die Nahrungsmittelsicherheit ist dabei immer vom Wetter abhängig. Um Armut und Hungersnot zu bekämpfen, ermutigen wir unsere Gemeinschaften eine Vielfalt von Erzeugnissen anzubauen und so ihre landwirtschaftlichen Fähigkeiten zu verbessern.

Ein Beispiel ist das „muss" zum Obstanbau. Jede Familie, die ein Mitglied der Solace Gemeinschaft ist, soll ein Minimum von zehn Obstbäumen auf ihrem Grundstück haben. Dazu wurden Baumschulen in Kabuga, Nyamata, Nyanza, Runda und Rusatira geschaffen. Die Bevölkerung in der Umgebung kann dort Setzlinge und Ableger zu sehr günstigen Preisen erwerben und so ebenfalls von diesem Programm profitieren.

1997 begann, mit den ersten Ziegen, die Verteilung von Kleinvieh. Das Ziel war es, Hungersnöte zu überwinden und Einnahmen zu erzielen. Die Ausscheidungen der Tiere dienen als natürlicher Dünger zur Steigerung des Ernteertrags auf den Feldern.

Einige Familien erhielten Hühner und Kaninchen. Diese waren im Allgemeinen für diejenigen, die nicht viel Land besaßen und besonders da, wo Mangelernährung von Kindern festgestellt worden war, wie in Rusororo, Kibuye und Runda. Die von den Hühnern produzierten Eier waren für den Verzehr bestimmt, da sie reich an Eiweiß sind, und zudem eine Einnahmequelle, da sie sich im Allgemeinen gut verkaufen lassen. Ebenso Kaninchen, die sich schnell vermehren und damit eine Quelle für Einnahmen und für Fleisch sind. Die Tierhaltung erwies sich als die wirksamste Methode, um die Wirtschaftlichkeit von Kleinbauern zu verbessern.

„Gib einem Hungrigen einen Fisch und du gibst
ihm zu essen für einen Tag; zeig ihm wie er für
sich selber fischen kann und du ernährst ihn ein
Leben lang. "[37]

In Solace sind wir davon überzeugt: Wenn wir jemandem zeigen wie er „Fisch" erzeugen kann, kann dieser nicht nur selber ein Leben lang daraus Nutzen ziehen, sondern ebenso andere und die nächste Generation. Das ist das Ziel des Unterrichts und der Demonstrationsfarmen. Die Farmen wurden in Kabuga, Nyamata, Nyanza, Rusatira, Bicumbi und Runda eingerichtet. Beides soll dazu beizutragen die Denkweise zu verändern, von der Existenzlandwirtschaft[38] hin zu einer unternehmerischen Methode der Landwirtschaft.

Es wurden Trainingseinheiten mit Agronomen organisiert, die darin beraten konnten, wie man unterschiedliche Feldfrüchte und eine bessere Vielfalt wählen kann. Es gibt auch Trainings für verbesserte Tierhaltung und Bienenzucht. Das Ziel ist es, Nahrungsmittelsicherheit zu bewirken sowie einen potentiellen Überschuss für den Marktverkauf. Nicht viele unserer Solace Mitglieder besitzen große Felder, aber die kleinen, die sie haben, können effektiver genutzt werden.

Die Demonstrationsfarmen zeigen auch, wie der Anbau von Feldfrüchten, die traditionell auf den ländlichen Farmen nicht in Erwägung gezogen wurden, ein Potenzial für das Generieren von Einkommen hat. Das können Gemüse, Früchte oder Blumen sein. Verschiedene Arten von Gemüsesamen, einige exotisch und nicht allgemein bekannt oder benutzt in Rwanda, wurden verteilt.

---

[37]   Alte Weisheit

[38]   Leben von der Hand in den Mund (Anmerkung der Übersetzerin)

2009 hat Wilja Happe von Farmers West in Kalifornien zweimal 60.000.000 Samen gespendet. Die Samen wurden in den Gemeinschaften verteilt. Die wachsende städtische Bevölkerung, die sich zu einer kosmopolitischen Gesellschaft entwickelt, hat gezeigt, dass dieses Projekt zur richtigen Zeit kam.

Andere Fertigkeiten

Eine große Anzahl der Witwen, die von Solace unterstützt werden, haben nie eine Schule besucht und sind arbeitslos. Ein Programm wurde gestartet, um ihre Fertigkeiten weiter zu entwickeln und ihnen zur Unabhängigkeit zu verhelfen.

Traditionell gehörte in Rwanda das Weben zur Erziehung der Mädchen. In vielen Gemeinschaften haben Frauen Gruppen gebildet, die sich regelmäßig treffen, um Körbe und andere Handarbeiten herzustellen. Die Gruppe in Kabuga hat 2014 einen Pokal im Handarbeitswettbewerb auf der Ostafrikaebene gewonnen.

Die handgemachten Gegenstände umfassen gewebte Körbe unterschiedlicher Form und Größe, Handtaschen aus Batikstoff, Spielzeug, Reisetaschen, Computertaschen, Halsketten und Ohrge-hänge aus unterschiedlichen Materialien und in verschiedenen Größen.

Einige Produkte wurden exportiert und mit Hilfe von Partnern in Schottland, Holland, Deutschland und USA verkauft. Andere Gegenstände werden vor Ort verkauft oder zum Solace Zentrum gebracht, zum Verkauf an potentielle Käufer unter den Besuchern und Gästen. Diese Aktivitäten und das generierte Einkommen stellen Selbstbewusstsein und Selbstversorgung wieder her. Das ist ein wichtiger Teil des Heilungsprozesses.

Würde wiederherstellen

Warum eine Kuh mehr ist als nur eine Kuh!

Die Übergabe von Kühen an Witwen und Waisen hat mehr als nur einen ökonomischen Aspekt. Es hilft ihnen ihren Selbstwert und ihre Würde wiederherzustellen und ermutigt sie dazu, ein dynamisches Leben zu führen. Menschen, die allein leben, haben durch die Kuh Gesellschaft. Einsamkeit und Depressionen können auf diese Weise gelindert werden.

Das Programm mit Milchkühen startete 2001 in der Gemeinschaft in Nyanza. Auch wenn gute Zuchtkühe sehr teuer sind, war es erstaunlich zu sehen wie viele Menschen sich dafür begeisterten, gerade dieses Projekt zu unterstützen. Wir verdanken unseren Freunden und Solace Partnern von Schottland, Nordirland, Isle of Man, England, Niederlanden, Kanada, USA und Deutschland sehr viel, die dieses Projekt unterstützt haben und durch ihre Kuhübergaben Verbindungen zu den Gemeinschaften eingegangen sind. Bis zu diesem Zeitpunkt wurden bereits 373 Kühe der verbesserten Zucht an Witwen und Waisen verteilt. Unser Ziel ist es, dass jede Familie ihre eigene Kuh hat. Um dieses Ziel zu erreichen wird das erstgeborene Kalb einer erhaltenen Kuh einem anderen Mitglied der Gemeinschaft weitergegeben. Historisch und kulturell war der Besitz von Kühen immer ein wichtiges Symbol für den sozialen Status in der Ruandischen Gesellschaft. Ein junger Mann musste eine Kuh als Brautpreis geben, um heiraten zu können.[39]

---

[39] Der Brautpreis wird immer noch als Kuh bezeichnet auch wenn dieser heute oft in Geldform gegeben wird

Es ist Tradition, jedes Mal, wenn eine Kuh überreicht wird, eine Namensgebungszeremonie abzuhalten. Während der Zeremonie tragen Poeten, die auf pastorale Prosa spezialisiert sind, wunderschöne Gedichte über Kühe vor. Es ist sehr bewegend die Namen zu hören, die den Kühen von den Witwen gegeben werden. Alle Namen haben einen Bezug zu Gott. Kwizera (Glaube), Ineza (Güte), Inka y'Imana (Kuh von Gott), usw. Wir erkennen, dass Gott immer im Zentrum jeder guten Aktion ist und das ist sehr ermutigend.

Für die bemitleidenswerten Frauen, die sexuell missbraucht wurden, oder ihre Angehörigen verschafft der Besitz einer Kuh einen respektvollen Status in der Gemeinschaft. Die Besitzer einer Kuh können sich ein erhebliches Einkommen durch den Verkauf von Milch verschaffen und so ein eigenes Auskommen erzielen.

Benachbarte Familien profitieren, auf unterschiedliche Weise, auch von den Kühen. Wie zum Beispiel durch die Gemeinschaft in Kabuga, die 40 Milchkühe erhalten hat. Sie richteten ein Programm der Milchverteilung für arme Familien ein, die keine Kühe besitzen und deren Kinder an Mangelernährung leiden. Würde ist wiederhergestellt, wenn man nicht mehr nur der Empfangende ist, sondern auch in der Lage ist, mit anderen zu teilen und anderen zu helfen.

IGA[40] – Einkommen schaffende Maßnahmen

Um Armut zu bekämpfen, wurden Schlüsselbereiche im sozio-ökonomischen Bereich und individuelle Fähigkeiten evaluiert. Städtische Gemeinschaften orientierten sich Richtung Mikro - Geschäftsideen. Ländliche Gemeinschaften konnten Landwirtschaft und Geschäfte betreiben.

---

[40] Income Generating Activities

Die Aktivitäten des IGA-Programmes entstanden im Hinblick auf einen ganzheitlichen Ansatz für die Heilung von Witwen und Waisen. Das Hauptziel dieses Programmes ist es unseren Mitgliedern zu helfen sozial etabliert und wirtschaftlich unabhängig zu sein.

Das IGA-Programm wurde eingerichtet, um sowohl Gemeinschaften als auch Einzelpersonen zu ermutigen und in die Lage zu versetzen ihre Fähigkeiten zu erweitern. Wir begannen mit der Vergabe von Krediten, um die Verwirklichung von Projekten zu ermöglichen.

Den größten Beitrag leistet dieses Programms durch das Training von Einzelpersonen und Gemeinschaften im Bereich der Entwicklung unternehmerischen Denkens und dem Erlangen von geschäftsorientierten Fähigkeiten. Dazu gehört auch ein Training im Umgang mit Krediten.

Die qualifizierten Mitarbeiter der IGA-Abteilung leiten die nötigen Überprüfungen und Evaluationen. Viele Witwen und Waisen haben davon profitiert und ihr Leben durch dieses Programm verbessert.

Das IGA-Programm wird von verschiedenen Partnern, ebenso wie durch Einzelpersonen, unterstützt. Sie werden von uns hoch geschätzt für ihre Beiträge zum Solace Gemeinschafts-Fond.

Zukunft bauen

Ausbildung

„Ich habe den Völkermord mit meiner Mutter und meinem älteren Bruder überlebt. Meine Mutter wurde so schwer geschlagen, dass sie behindert ist. Sie konnte nichts zu unserem Überleben beitragen. Mein Bruder, ein Teenager, versuchte irgendwelche Kleinigkeiten zu verkaufen. Die Schachtel mit Dingen, die er verkaufen wollte, pflegte er auf dem Kopf zu tragen, während er von Ort zu Ort zog.

Als er 18 Jahre alt war, ging er zur Armee, weil er dachte, er könne so ein besseres Einkommen erzielen, um die Schulgebühren für mich zu zahlen und auch unserer Mutter zu helfen. Kurz danach starb mein Bruder. Unser Leben war sehr hart. Wir hatten keine Hoffnung mehr und unser Leben war bitter.

Als ich mich Solace Ministries anschloss, wurde ich getröstet und ich lernte, Gott zu vertrauen. Ein Wunder geschah und ich bekam einen Sponsor. Ich konnte zur Schule gehen und bin jetzt an der Universität. Die Patenschaft hilft meiner Familie. Jetzt weiß ich, dass Gott der Vater der Vaterlosen und ein Ehemann der Witwen ist."

Dies ist eins von vielen Zeugnissen unserer jungen Leute. Wir glauben, dass eine Ausbildung das Beste ist, was wir einem Kind geben können, um Hoffnung für ihre/seine Zukunft zu schaffen. Ausbildung zu unterstützen war eine weitere Herausforderung. Schon 1995/1996, ohne irgendwelche Hilfe, gehörte die Schulausbildung zu den obersten Prioritäten im Solace Programm für Waisen. Solace begann mit der Unterstützung von 45 Schülern und Schülerinnen in der Grund- und Oberschule. Obwohl wir finanziell eingeschränkt waren, stieg die Zahl der Kinder, die wir unterstützen konnten mit jedem Jahr. Gott sorgte für die nötigen Mittel.

Viele Witwen überlebten mit kleinen Kindern oder sie nahmen Waisenkinder bei sich auf, wo keine Angehörigen bekannt waren. Es war ihnen unmöglich, für die Ausbildung aller Kinder zu zahlen. Viele Kinder landeten auf der Straße. Andere waren in Pflegefamilien oder sie waren von ihren Verwandten aufgenommen worden. Leider passierte es, dass Kindern in Pflegefamilien und bei Verwandten der Zugang zu einer Schulbildung verweigert wurde und sie wie Bedienstete benutzt wurden.

Ich war schockiert, als ich erfuhr, dass Jenny, eine Waise, die wir aufgenommen hatten, anhand der Notizen ihrer Klassenkameraden lernte, einfach, weil sie den Unterricht versäumte. Sie wurde von ihren Pflegeeltern oft dazu genötigt den ganzen Tag bis Mitternacht zu arbeiten. Es ist verständlich, dass ihre Noten immer schlecht waren. Dann konnten wir sie in unser Patenprogramm aufnehmen. Sie konnte ihre Geschwister zusammenholen, die zerstreut in anderen Familien lebten. Sie blieben zusammen und die Situation begann sich zu verbessern.

Einige junge Leute benötigten eine seelsorgerliche Herangehensweise, bevor sie überzeugt waren, wieder zur Schule zu gehen. Nachdem sie ihre Eltern verloren hatten und gesehen hatten, dass unschuldige gebildete Personen getötet wurden, glaubten sie, alles sei sinnlos. Ausbildung war nicht ihre Priorität. Einige wandten sich Drogen zu oder lebten auf der Straße. Die in verschiedenen Regionen durchgeführten Jugendcamps halfen sehr dabei die Notwendigkeit einer Ausbildung für ihre Zukunft zu erkennen.

Ausbildung kostet viel Geld, besonders für diejenigen auf der Oberschule. Sie erfordert Unterstützung für die Schulgebühren, Schulmaterialien und bis zu einem gewissen Grad auch Unterstützung für Unterkunft, Verpflegung und Unterhalt.

Da die Anzahl der Kinder, die um Hilfe baten, mit dem Wachsen unseres Dienstes ständig zunahm, wurde die Situation überwältigend. Das Patenprogramm von Solace Ministries hilft diese Nöte zu lindern. Waisen aus entlegenen ländlichen Gebieten, die keinen leichten Zugang zu Unterstützung haben, können auch von diesem Programm profitieren.

Mit der schrittweisen Zunahme an Sponsoren, lokal wie auch international, sowie durch internationale Organisationen, sind Hunderte von Kindern und jungen Leuten sowohl in Grund- und Oberschule und Universität, als auch in Berufsausbildenden Schulen unterstützt worden. Wenn Gott sagt, Er ist der Vater der Vaterlosen, beauftragt er manchmal Menschen das Eltern-Sein stellvertretend zu übernehmen!

Das Sponsorenprogramm ist auch entscheidend gewesen für die Entwicklung in den Solace Gemeinschaften. Viele der unterstützten Schüler haben seitdem ihre Studien oder ihre Ausbildung abgeschlossen.

Das Sponsorenprogramm umfasst auch Kranke, Behinderte und Alte. Ein spezielles Sponsorenprogramm hat die Mukomeze[41] Stiftung für die mit Aids infizierten Opfer sexueller Gewalt eingerichtet.

Kranke versorgen

Das Programm zur Versorgung von Kranken begann mit Witwen, die für Unterstützung kamen, aber auch medizinische Hilfe benötigten. Das war insbesondere der Fall bei den unglücklichen Frauen und jungen Mädchen, die während des Völkermords gegen Tutsi 1994 vergewaltigt worden waren.

Diese Opfer waren ohne Hoffnung und voller Kummer. Es war peinlich für sie öffentliche medizinische Einrichtungen aufzusuchen. Es ging ihnen nicht gut, aber sie wollten nicht als krank bekannt werden. Mit Hilfe des Survivors Fund, einer britischen Hilfsorganisation, konnten wir 2004 eine kleine Klinik auf dem Gelände vom Solace Zentrum einrichten. In der Klinik waren zwei Krankenschwestern und zwei Teilzeitärzte. HIV-Tests konnten durchgeführt werden, um denen in Not zu helfen.

Seelsorge an einem Vergewaltigungsopfer, das mit HIV/AIDS infiziert wurde, ist nicht einfach. Sie sagten uns immer: „Wir sind innen tot". Jedoch danken wir Gott für ihre Tapferkeit und Bereitschaft zu überleben, wenn sie mit der Behandlung beginnen, nachdem sie Trost gefunden haben.

---

[41]   Bedeutet „Befähige sie"

Die Aktivitäten in unserer kleinen Klinik beinhalteten die Ausgabe der Anti Retro Viralen (ARV) Medikamente neben den umfassenden Diensten eines ambulanten Betreuungsprogramms mit Nachsorge und Hausbesuchen.

2006 besuchte ein Ärzteteam aus Deutschland die Klinik. Im Team waren ein Augenarzt, ein Zahnarzt, ein Neurologe und ein Kinderarzt. Sie waren überrascht, dass sie, während ihres einwöchigen Aufenthaltes, jeden Tag bis zu 16 Stunden zu tun hatten, um den Nöten der vielen, die kamen, zu begegnen. Daraus wurde der Gedanke geboren, eine Klinik zu bauen, in der arme Menschen Zugang zu medizinischen Diensten erhielten, die normalerweise sehr teuer sind.

Ebenfalls 2006, finanzierte das Departement für internationale Entwicklung (DFID)[42] über PACFA[43], eine Organisation für den Schutz und die Fürsorge von Familien gegen AIDS sowie der Survivors Fund (Surf), ein Programm, um den mit HIV/AIDS infizierten Opfern von Vergewaltigung 5 Jahre lang zu helfen.

Die First Lady von Rwanda initiierte das Betreuungs- und Behandlungsprojekt (CTP) und Solace Ministries war eine der Organisationen, die dafür ausgewählt wurden, es in die Praxis umzusetzen. Es war aufregend, zu sehen, dass nicht nur unsere internationalen Geschwister, sondern auch die First Lady von Rwanda und ihr Büro (Imbuto Foundation) an der Gesundheitsarbeit von Solace Ministries interessiert waren und bereit sie zu unterstützen.

---

[42]   Department for International Development

[43]   PACFA wird jetzt Imbuto Foundation genannt

Das CTP-Projekt endete im März 2010. Es war jedoch weiter notwendig dazu zu ermutigen sich registrieren zu lassen. Die medizinische Arbeit war in der Zwischenzeit gewachsen, da sie allen Menschen offenstand und das erforderte mehr Platz.

Drop Inn Ministries, Isle of Man Zweig, antwortete auf diese Notlage und verpflichtete sich, dabei zu helfen, eine medizinische Klinik in Kabuga zu bauen. 2011 wurde die Klinik offiziell vom Gesundheitsminister eröffnet.

Die Arbeit der medizinischen Klinik von Solace ist ein Teil des Auftrags von Solace Ministries, Menschen ganzheitlich im Namen Jesu zu dienen. Es ist unsere Politik jeden Menschen, der zu uns kommt als eine Person zu behandeln, die Gott liebt und für die Jesus gestorben ist. Dies soll, jedem Patienten gegenüber, in einer mitfühlenden und liebevollen Behandlung bei der Betreuung, zum Ausdruck kommen.

Die Solace Medizinische Klinik in Kabuga ist für die gesamte Bevölkerung von Rusororo, mit 39.995[44] Personen, als das anerkannte Gesundheitszentrum für den Sektor zuständig.

Aufgrund der großen Entfernungen, die die Patienten zurücklegen mussten, um die Klinik aufzusuchen, wurden die Dienste der Medizinischen Klinik von Kabuga um einen Gesundheitsposten in Kinyana erweitert, ca. 12 km entfernt, den World Vision finanziert hat.

Die Klinik kämpft auch gegen Armut und Unwissenheit. Den Ärmsten unter den Patienten wird mit Gemüsesamen, Ziegen und Hühnern geholfen, besonders denjenigen, deren Kinder Symptome von Unterernährung zeigen.

---

[44] Registrierte Bevölkerungszahl 2015

Unterweisungen zur gesundheitlichen Aufklärung werden durchgeführt. Das Aqua Filter Projekt für sicheres Trinkwasser konnte durch die 162 Gemeindegesundheitshelfer, die in den 44 verschiedenen Dörfern des Sektors Rusororo tätig sind, möglich gemacht werden.

So wie alle anderen Gesundheitseinrichtungen müssen wir dem Gesundheitsministerium über unsere Arbeit Rechenschaft ablegen. Das Ministerium ist auch ein enger Partner, der antiretrovirale Medikamente zur Verfügung stellt und einen Teil der Gehälter der Mitarbeiter bezahlt.

Zurzeit ist die Klinik für die ambulante Versorgung ausgestattet sowie für Impfungen und Krankheitspräventionsprogramme, HIV-Testung und Behandlung, Familienplanung und Schwangerenvorsorge.

Schon bald nach dem Start der Aktivitäten in der Solace Klinik von Kabuga war es offensichtlich, dass es den Bedarf für einen Kreissaal und die Aufnahme von Patienten gibt. Das Gesundheitsministerium erwartet auch diese Dienste in einer akkreditierten Gesundheitseinrichtung. Zudem kommen viele der wartenden schwangeren Frauen zur Klinik, um Hilfe bei ihrer Entbindung zu suchen.

2014 fingen wir im Glauben mit dem Bau einer Entbindungsklinik an, mit den ersten Mitteln, die wir von Drop Inn Ministries, Isle of Man Zweig, erhielten. Wir vertrauen Gott für diese notwendige Erweiterung der Klinik.

DER GOTT DER UNBEGRENZTEN MÖGLICHKEITEN

Groß ist Deine Treue

> *„... groß ist deine Treue. Morgen um Morgen sehe ich deine Gnade. Alles, was ich benötigte, hat deine Hand mir gegeben, groß ist deine Treue HERR, über mir...“*[45]

Von einem rationalen Standpunkt aus muss es Außenstehenden töricht erscheinen, es zu wagen, einen christlichen Dienst anzufangen nur im Glauben an Gott, ohne irgendwelche bekannten Ressourcen. Ängste vor einer Zukunft, die in einem Glaubenswerk unsicher zu sein scheint, sind immer eine Herausforderung. Auch wenn ich mir über den Willen Gottes sicher war, was die Vision der Solace Ministries betraf, konnte ich mir doch nicht vorstellen, wie das alles in der Praxis gehen sollte. Im Laufe der Jahrhunderte kann man jedoch sehen, dass Gottes Ruf lediglich gehorsame Menschen erfordert. Er berief Männer und Frauen, die reagierten, manchmal sogar ohne zu wissen, wohin sie gehen sollten und erst recht nicht ausgestattet für den Auftrag, weder materiell noch finanziell.

---

[45]   Choral von Thomas Obediah Chisholm (1866-1960)

Als ich vor mehreren Jahren in den Niederlanden in einer Bibelschule war, hatte ein Lehrer eine Aussage getroffen, die mir in dieser Zeit wieder einfiel: „Gott drängt dich zu dem Dienst, wenn es sein Ruf ist, du musst nicht darum ringen. Was von deiner Seite erforderlich ist, ist Gehorsam".

Es gibt mehrere Berichte von Menschen, die Gott im Gehorsam auf seinen Ruf hin dienten, die Gottes Treue bezeugen. Ich habe dieses Prinzip des Gehorsams in Aktion erlebt, als ich Teil von Christen im Gesundheitswesen war, mit dem inzwischen verstorbenen Francis Grim und seiner Frau Erasmia. Bruder Andrew, der als der „Schmuggler Gottes" bekannt ist und den ich persönlich kenne, erlebte Wunder der Versorgung und Bewahrung in der Arbeit, die er, im Gehorsam auf Gottes Ruf hin, tat. Ihr Gott ist auch mein Gott. Was er für sie und viele andere seiner Diener tat, kann er auch heute tun. Gott verändert sich niemals. Er ist derselbe, gestern, heute, morgen und für immer.

Gott beruft uns lediglich dazu, seine Diener zu sein, die in Allem von ihm abhängig sind. Jesus sagt in Matthäus 6, 32-33:

„... euer himmlischer Vater weiß, dass ihr das alles benötigt (alle diese Dinge). Trachtet vielmehr zuerst nach dem Reich Gottes und nach seiner Gerechtigkeit, so wird euch dies alles hinzugefügt werden!"

Gott bestätigte uns diese Zusage, als ich zusammen mit Viviane in der Schweiz war.

Nachdem wir in einer Gemeinde gesprochen hatten, kam ein Mann zu uns und sagte: „Der Herr sagte mir, ihr braucht euch über Finanzen keine Sorgen zu machen, tut einfach das, wozu er euch berufen hat".

Gott ist seinem Wort bis heute treu geblieben und wir leben jeden Tag in der Erfüllung seiner Verheißungen. Wir haben seine Treue bei der Einrichtung des Dienstes erfahren, sei es bei seiner Infrastruktur, bei seinen Mitarbeitern und ihren Gehältern, bei der Büroausstattung oder bei Transportmöglichkeiten.

5.2 Die Mittel für ein Grundstück

Wie im Kapitel 1[46] erwähnt, fanden die ersten Treffen 1994 in einem offenen Innenhof, mit wenig bis gar keinem Schutz vor Regen, statt und mit der Herausforderung einer wachsenden Anzahl von Teilnehmenden. Die Notwendigkeit für einen eigenen Versammlungsort wurde drückend und war Teil unseres täglichen Gebets. In der Zwischenzeit war unser Traum größer geworden. Der Ort sollte Platz für eine Versammlungshalle, Räume für Schulungen und Seelsorge sowie ein Konferenzzentrum und eine Erinnerungsbibliothek umfassen. Ein Gästehaus für Besucher von Solace und andere Gäste sollte Teil des Anwesens sein und eine Quelle potentieller Einnahmen für die Arbeit von Solace Ministries. Wir beteten weiter und vertrauten dem Herrn es zu Seiner Zeit möglich zu machen.

„Mein ist das Silber und mein ist das Gold, spricht der Herr der Heerscharen".[47]

---

[46]   Wie alles begann

[47]   Haggai 2,8

Eines Tages, Ende 1995, ging ich, um Vivian an ihrem Arbeitsplatz in Kigali zu treffen. Viviane stellte mir eine junge Frau vor, die gerade das Büro dort besuchte, Yoshida aus Japan. Sie nahm an einem der Samstage an dem Treffen mit den Witwen und Waisen teil. Nachdem sie gesehen hatte wie wir, vor dem Treffen, einen behelfsmäßigen Schutz mit Plastikplanen anbrachten und wie dieser nach dem Treffen sofort wieder entfernt wurde, sagte sie: „Ich glaube, wir können euch Geld geben, damit ihr euch ein Obdach für eure Treffen bauen könnt". Sie fragte: „Kann ich dein Telefon benutzen?" Ich sagte: „Ja, selbstverständlich kannst du das." Nachdem sie mit Japan telefoniert hatte, öffnete sie sogleich ihren Geldgürtel und nahm ein Bündel an Scheinen heraus, 25.000 Dollar! Ich hatte in meinem Leben noch nie vorher so eine Summe Bargeld gesehen! Wir quittierten den Erhalt und zahlten es sofort auf ein Bankkonto ein. Mit diesem Geld konnten wir anfangen nach einem Stück Land zu suchen, auf dem wir bauen konnten. Wir beteten weiter für den richtigen Ort.

Das Grundstück

Wir wussten, dass es nicht leicht sein würde ein Grundstück in der Innenstadt zu bekommen. Jedes Stück Land, das wir fanden und das einen leichten Zugang zu einer Hauptstraße bot, wurde uns in letzter Minute verweigert. Gottes Wahl war eine andere!

Ich teilte dieses Anliegen mit einem Freund von mir, der auch ein Unterstützer unseres Dienstes war. Er machte unser Anliegen zu seinem. 1998 sagte er, dass er zu dem Werk des Herrn beitragen wolle und er beschloss Solace Ministries ein Stück Land zu geben, das ihm gehörte.

Dieses Land ist in einer wunderschönen Gegend in Kacyiru in Kigali. Er stellte uns nur die Mauern, die darum herum gebaut waren, in Rechnung, 23 000 Dollar!

Dieses Grundstück zu bekommen war ein Wunder. Die Geldsumme, die wir von der japanischen Dame erhalten hatten war exakt der Betrag, den wir für die Bezahlung benötigten, einschließlich der Registrierungsgebühren auf den Namen von Solace Ministries! Das überzeugte uns, dass das Geld, das wir erhalten hatten, für diesen Zweck bestimmt war.

Der Erwerb des Landes an diesem speziellen Ort ließ mich ungefähr 10 Jahre zurückdenken, an eine Vision, die ich vom Herrn erhalten hatte. Ich sah mich 1989 vor einer großen Gemeinde stehen und predigen. Es war eine große Halle, die einer Kirche ähnelte, die sich in Kacyiru befand, errichtet in der Nähe einer Hauptstraße.

Als später der Architekt die Versammlungshalle entwarf, ließ er diese genau so aussehen wie die Halle, die ich in meiner Vision gesehen hatte, ohne etwas davon zu wissen.

Das erste Gebäude

Das Bauvorhaben selbst war eine weitere Herausforderung. Wir hatten das Grundstück, deshalb hätte das Bauprojekt beginnen können. Im Glauben baten wir einen Architekten, das Solace Zentrum entsprechend unserer Vorstellungen zu entwerfen. Die Kosten für ein dreistöckiges Gebäude wurden auf 300.000 Dollar geschätzt! Wir wurden von Menschen entmutigt, die uns sagten, niemand würde uns Geld für Gebäude geben.

Es ist wunderbar Gott und seinem Wort zu glauben. Gott hatte immer die nötigen Mittel, gerade rechtzeitig in der Not, bereit. Es war so wunderbar zu sehen, wie Gott die Herzen von so vielen berührte, von Einzelnen und Gemeinden ebenso wie Organisationen, um alles möglich zu machen.

Als Erstes bekamen wir von unseren Freunden in Frankfurt ein Geschenk von 8.000 DM. Ich fragte sie, ob wir es für den Bau verwenden konnten. Die Erlaubnis wurde gegeben. Ein Ingenieur aus Burundi, der uns besuchte und ein Bruder im Herrn war, riet uns das Geld zu benutzen, um die Basis für das angedachte Gebäude zu errichten, anstatt nur eine vorläufige Unterkunft zu bauen, wie wir es anfangs geplant hatten. Auf diese Weise wurde das Fundament des ersten Gebäudes gelegt.

Der Bau begann 1999. Die ersten Mauern wurden hochgezogen und die erste Decke gegossen. Wir hatten nun einen Büroraum und einen ersten kleinen Versammlungsraum für die Gemeinschaftstreffen mit Witwen und Waisen. Das Mobiliar bestand aus den Bänken, die für die Treffen benutzt wurden. Von außen sah es wie eine Baustelle aus.

Ich begann im Dezember 2000, von unserem eigenen Gebäude aus, in Vollzeit für den Dienst zu arbeiten. Mein Büro enthielt einen kleinen Tisch und einen, vom Nachtwächter des Grundstücks, geborgten Stuhl. Eine kurze Zeit später sorgte World Relief, mein früherer Arbeitgeber, für den Anschluss von Strom und für eine Telefonverbindung. Sie gaben uns auch einen Computer für die Arbeit des Dienstes. Das Arbeitsaufkommen begann zu wachsen. Viele weitere Menschen kamen, um die Leistungen des Dienstes in Anspruch zu nehmen. Es wurden mehr Mitarbeiter gebraucht, sowie mehr Räume für die Arbeit.

Der deutsche christliche Dienst, Hilfe für Brüder, in Stuttgart hatte aus einer uns unbekannten Quelle davon erfahren, was Solace Ministries tat. Ich erhielt eine Email von Eva Maria Munzinger, ihrer damaligen Repräsentantin für Afrika, in der sie mir mitteilte, dass sie von unserer Arbeit erfahren hatten und dass sie uns helfen wollten weitere Räume in unserem Gebäude zu bekommen. Sie fragte, wie viel Geld es kosten würde, fünf zusätzliche Räume im ersten Stockwerk einzuplanen. Unnötig zu sagen, dass wir überrascht waren und nicht glauben konnten, was wir lasen. Ich bat den Bauleiter das absolute Minimum dafür zu kalkulieren, damit unser Anliegen genehmigt würde.

Zusammen mit dem Bauleiter schätzten wir vorsichtig 23.000 Dollar als notwendig ein, um diese Räume fertigzustellen. Hilfe für Brüder, mit ihrer Erfahrung auf diesem Gebiet, beschlossen stattdessen uns 26.000 Dollar zu geben und das war exakt der benötigte Betrag!

Die Bauarbeiten machten Fortschritte. 2002 waren 25% des Gesamtprojektes erreicht. Wir benutzten das Innere des Baus, das hervorragend sauber gehalten wurde, für die Arbeit des Dienstes, aber außen sah es weiter nach einer Baustelle aus, die auf ihre Fertigstellung wartete.

Als die Regeln des City Council besagten, dass es niemandem gestattet ist in einem unfertigen Gebäude zu arbeiten, gehörten wir zu denen, die gesagt bekamen, dass sie umziehen und etwas mieten müssten. Wir hatten kein Geld für ein Mietobjekt. Wir schrien zum Herrn, denn wir wussten nicht, was wir tun konnten.

2004 hatten wir das unerwartete Privileg, Besuch von Lord Alton von Jubilee Action, UK, und seinem Team, zu bekommen. Jubilee Action, mit ihrem damaligen Geschäftsführer Mark Rowland[48], entschied, uns beim Weiterbauen zu helfen und zwar mit einer beträchtlichen Summe.

Von da an kamen immer wieder kleine Gaben für das Bauvorhaben herein und es schien, dass immer, wenn es Zeit war, den nächsten Ziegel zu legen, eine wundersame Spende gegeben wurde und die Arbeit musste nie gestoppt werden!

Allerdings dachten wir in einer weiteren kritischen Phase 2005, wir müssten stoppen. Wieder wussten wir nicht, woher das Geld für den Weiterbau gegebenenfalls herkommen könnte, aber Gott wusste es bereits! Ich erhielt einen Anruf von unserer Bank mit der Information, dass auf unserem Konto 15.000 Dollar eingegangen wären! Das Geld war von der Pauluskirche, einer Gemeinde in Bielefeld aus Deutschland, geschickt worden. Mit diesem Geld konnten die Bauarbeiten weitergehen. Als die oberste Decke und das Dach dran waren, zeigte Gott einer anderen Freundin in Deutschland, ihren fälligen Sparvertrag Solace zu spenden. Dieses Geld brachte das Dach auf das Gebäude, welches aktuell das Solace Gästehaus ist. Der inzwischen verstorbene Bob Courtney spendete 7.500 Dollar und das deckte den Rest der abschließenden Arbeiten. Das erste Gebäude mit 15 Zimmern für Gäste, Büros im ersten Stock und einer kleinen Versammlungshalle im Erdgeschoss war bis Ende 2005 fertig.

---

[48]   Sohn von einer Missionsarztfamilie in Rwanda in den 1980er Jahren

Die Eichenhalle und das Zentrum

In der kleinen Versammlungshalle konnten nur maximal 100 Personen Platz finden. Hunderte von Witwen versuchten, sich während der Gemeinschaftstreffen hinein zu quetschen. Eine große Anzahl von ihnen wurde draußen in der Sonne gebraten, da der Raum nicht alle aufnehmen konnte, und diejenigen, die drin waren, bekamen Luftnot, weil sie so eng zusammengepfercht waren.

2002 stattete uns Jacqueline Roulet einen Besuch ab. Sie kam aus der Schweiz, um Seelsorgeseminare durchzuführen und war besorgt über die Versammlungsbedingungen. Als sie von dem Projekt hörte, eine größere Halle zu bauen, drängte sie jeden in Solace zu kommen und auf dem Platz, wo die geplante Halle gebaut werden sollte, zu beten. Wir gingen alle hin, knieten uns im Kreis auf den Boden und beteten. Dann fragte sie nach den geschätzten Kosten für den Bau des Fundaments. Kurz danach überwies sie uns aus der Schweiz die geschätzten 15.000 Dollar und wir legten das Fundament von unserer Halle.

Schon bald nachdem das Fundament an seinem Platz war, erkannten wir, dass das Solace Zentrum als erstes zusätzliches Gebäude ein richtiges Gästehaus benötigte, mit einem Speisesaal und Restaurant für die Besucher. Das neue Gebäude mit der Haupthalle würde einen Bürotrakt beinhalten müssen und ebenso zusätzliche Gästezimmer.

Als 2006 die Halle ein Dach hatte und einige Büros fertiggestellt waren, war das Gästehaus einsatzbereit.

Wir sind allen erkenntlich, die dazu beigetragen haben und danken Ihnen, namentlich Survivors Fund, Network for Africa, First Fruit, MFB, Southover Church, Pauluskirche, Dr. Jeffrey und Pat Newth,

Don und Lorna Miller. Ebenso allen anderen Organisationen und Einzelpersonen, die es vorzogen, nicht namentlich genannt zu werden.

Gottes zusätzliche Versorgung – ein Studio und Transport

Die Jugend von Solace begann, Fähigkeiten in Gesang und Lobpreis zu zeigen, die wir von ganzem Herzen ermutigten. Einige von ihnen waren so begabt, dass sie eigene Lieder schrieben. Eine Gruppe entwickelte sich zu einem Gospelchor mit exzellenten Aufführungen. Sie hatten den Wunsch ein eigenes Album zu erstellen.

Wir fragten einen Produzenten in Kigali und bezahlten ihn für die Arbeit, aber es wurde kein Album erstellt. Er verschwand und es wurde berichtet, dass er nach Belgien gegangen wäre!

Bei ihrem Besuch in Rwanda, 2008, waren Rob und Jan Hoy aus England sehr besorgt aufgrund der zu Herzen gehenden Enttäuschung dieser jungen Leute und sie beschlossen zu helfen. Sie schlugen vor, dass Solace Ministries ein eigenes Aufnahmestudio haben sollte, welches auch anderen christlichen Gesangsgruppen dienen und so auch Einkommen generieren könnte.

Als sie nach England zurückgekehrt waren, teilten sie diese Idee mit ihrer Heimatgemeinde, Southover Church. Sie stellten für uns eine Verbindung zu Dicken Marshall her, der ein Aufnahmestudio in England besaß. Dicken sandte uns den Plan für ein Aufnahmestudio. Das Solace Zentrum hatte zwei unfertige Räume in dem Gebäude, das sich zu der Zeit im Bau befand. Ihre Ausmaße waren einfach perfekt für beides, einen Aufnahme- und einen Technikraum für das Studio.

Rob und die Southover Church verpflichteten sich die gesamte benötigte Ausstattung, mit Hilfe von Dicken Marshall, zu kaufen.

Das Problem bestand darin, einen Ingenieur zu finden, der die technischen Zeichnungen verstand und das Studio bauen konnte. Alle Personen, die ich kontaktierte, konnten die Zeichnungen überhaupt nicht verstehen. Schließlich erhielt ich einen Telefonanruf von Joseph, einem kenianischen Ingenieur, den ich nicht kannte, dass er mich treffen und die Pläne des Studios sehen wollte. Er war in Rwanda und wir trafen uns wenige Minuten später. Als er die Zeichnungen sah, verstand er sofort, was das alles bedeutete. Das Studio konnte daraufhin gebaut werden. Im Januar 2009 war es betriebsbereit. Im selben Jahr konnte das Album des Solace Chores hergestellt werden und zwar in ausgezeichneter Qualität.

Transport

Der Hauptteil der Arbeit von Solace Ministries wird in ländlichen Regionen getan, die nicht mit öffentlichen Verkehrsmitteln erreichbar sind. Es gab eine offensichtliche Notwendigkeit für Solace, verlässliche Transportmittel zu haben.

Von World Relief erbten wir zwei alte Pajero Jeeps. Auch wenn wir die vielen Dienste, die wir mit ihnen durchführen konnten, anerkennen, blieben sie doch häufig liegen. Es verursachte zunehmende Kosten für Reparaturen, die wir nicht aufbringen konnten und schließlich mussten wir die Wagen veräußern.

Jacqueline Roulet hat diese Situation, mit dem zarten Herzen einer Mutter, bewegt und sie verschiffte einen starken, leichten 4rad Antrieb Kleinlaster, VW-Taro. Er dient Solace inzwischen seit über 13 Jahren.

Nach ihrem Besuch 2006, sammelte Drop Inn Ministries, Irland, Spenden für einen nagelneuen Jeep Land Cruiser. Wir erhielten ihn im drauffolgenden Jahr. Mit diesen beiden Fahrzeugen, dem Kleinlaster und dem Jeep, konnten wir jedes Gebiet des Landes besuchen, einschließlich entlegener und isolierter Ortschaften mit schlechten Straßen.

Ein Toyota Mini Van mit 9 Sitzplätzen wurde von MFB (Mission Frohe Botschaft) aus Deutschland verschifft. Dieser hilft uns bis heute sehr beim Transport von Mitarbeiterteams und Gästen, einschließlich der Transfers von und zum Flughafen.

Gedenkzentren für Gottes Treue

Da die Trostdienste weiterwuchsen und sich in verschiedenen Teilen des Landes ausbreiteten, entstand der Wunsch, uns mit den Witwen in ihren Heimatregionen so zu treffen, wie es in Kigali geschah. Für gewöhnlich borgten wir dazu örtliche Kirchengebäude oder, wo es möglich war, Einrichtungen lokaler Behörden. Örtliche Pastoren, Priester oder Verwalter waren so freundlich, uns Räume für unsere Treffen zur Verfügung zu stellen. Allerdings war es nicht immer leicht, jedes Mal einen Raum zu bekommen, wenn ein Treffen nötig war. Sehr oft waren wir gezwungen, uns im Freien zu versammeln.

Bei ihrem ersten Besuch 2004 sah Drop Inn Ministries diese Not. Sie verpflichteten sich zur Hilfe beim Bau regionaler Zentren. Diese Zentren dienen als Versammlungsort für die lokalen Gemeinschaften, um sich gemeinsam treffen zu können und darüber auszutauschen, was der Herr in ihren Leben getan hat.

Die Zentren dienen auch als Treffpunkt, um über die Planung von unterschiedlichen Aktivitäten in der Gemeinschaft zu diskutieren. Sie bieten auch Raum für Trainings in verschiedenen Fertigkeiten und um Workshops abzuhalten sowie Platz für den Verkauf von Handwerkskunst und Ernteerzeugnissen aus der Landwirtschaft.

In diesen regionalen Zentren werden Jugendcamps und Trainings in verschiedenen Disziplinen für junge Leute organisiert, besonders während der Schulferien.

Nyamata, Nyanza und Kabuga

Drop Inn Ministries half, das Land für diese Zentren zu erwerben und den Bau zu ermöglichen. Die Versammlungshallen in diesen Zentren erhielten die Namen Philadelphia Hallen, um die Liebe der Brüder (Philadelphia) auszudrücken, wie sie Drop Inn Ministries gezeigt hat. Jetzt können sich Gottes Leute dort versammeln und die Treue Gottes feiern. Es zeigt, dass Gott uns als Volk nicht aufgegeben hat, selbst wenn Andere anders denken können, im Hinblick auf die Verluste, die wir erlitten haben.

Das regionale Zentrum in Nyamata ist der Versammlungsort für die Gemeinschaften von Ruhuha, Kayumba, Kibungo und Ntarama. Das Zentrum ist nur 25 km von Kigali entfernt und dient als Zweitsitz zum Hauptzentrum in Kigali. Es soll auch zu einem Konferenzzentrum werden.

Das regionale Zentrum in Nyanza, im Süden, ist der Treffpunkt für die Hunderten von Familien aus den Gemeinschaften von Busasamana, Gatagara und Rusatira.

Das regionale Zentrum in Kabuga dient sowohl der Gemeinschaft als auch der Solace Medizinischen Klinik am selben Ort. Dort treffen sich auf monatlicher Basis die 162 Dorfgesundheitsmitarbeiter und sie treffen sich zusätzlich so oft wie nötig für Trainingseinheiten. Neben den regelmäßigen Witwentreffen in Kabuga werden regelmäßig Treffen und Camps für die über 400 Kinder und jungen Leute organisiert, die im Sponsorenprogramm sind, besonders in der Ferienzeit.

Die Eichenhalle von Mugina

Carol und Ray Gumm aus USA verpflichteten sich dazu, zusammen mit der Harvest Community Church Mittel für den Bau eines Zentrums in Mugina zu beschaffen, wo die Witwen und Waisen sich bis dahin unter einem Akazienbaum getroffen hatten. Das Zentrum von Mugina bringt die Gemeinschaften von Ntongwe und Mugina zusammen.

Die Halle in Mugina wurde Eichenbaumhalle genannt, nach Jesaja 63,3b, so wie die Versammlungshalle im Solace Zentrum in Kigali. Dies soll den Überlebenden helfen, sich daran zu erinnern, dass Gott einen Plan und ein Ziel für Ihr Überleben hat. Sie sind Eichen der Gerechtigkeit, eine Pflanzung des Herrn, damit Er verherrlicht wird.

Wir betrachten diese Zentren von Solace Ministries als Gedenkstätten, die an die Treue Gottes erinnern. Sie sind hauptsächlich Orte, an denen Überlebende zusammenkommen, um die Geschichten ihrer schmerzlichen Erlebnisse zu teilen und die Werke des lebendigen Gottes für ihr Überleben zu feiern.

Unser Gebet ist es, dass alle, die kommen, Gottes Gegenwart spüren mögen und dass es Orte werden, wo unterschiedliche Gruppen von Menschen zusammenkommen, um unseren großen Gott anzubeten.

Gott hat dieses Gebet für das Solace Zentrum in Kigali bereits beantwortet. Mehrere Lobpreisteams und christliche Chöre buchen die Eichenbaumhalle regelmäßig, was Hunderte junger Leute für Lob und Anbetung zusammenbringt.

INTERNATIONALE PARTNER IM DIENST

Eine weltweite Familie

„So seid ihr nun nicht mehr Fremdlinge und Gäste, sondern Mitbürger der Heiligen und Gottes Hausgenossen, auferbaut auf der Grundlage der Apostel und Propheten, während Jesus Christus selbst der Eckstein ist, in dem der ganze Bau, zusammengefügt, wächst zu einem heiligen Tempel im Herrn, indem auch ihr miterbaut werdet zu einer Wohnung Gottes im Geist." [49]

1994 ignorierte die Welt den Völkermord gegen die Tutsi in Rwanda. Es erstaunt uns, zu erleben, wie der Herr Menschen seiner Wahl zusammengebracht hat, um ein Teil von Solace Ministries nach dem Völkermord zu sein. Zuallererst sind viele persönliche Freunde und später auch deren Freunde zu Kanälen des Trostes geworden, die der Herr für uns und die wenigen Überlebenden, die übrigblieben, geplant hat. Heute sind wir so gesegnet zu erleben, dass der Herr viele weitere Einzelpersonen ebenso wie Gemeinden und Organisationen mobilisiert hat, sich dem Dienst in unterschiedlicher Weise anzuschließen.

---

[49]   Epheser 2, 19-21 Schlachter, 2000

Wir sind tief bewegt und erstaunt, wenn wir hören wie unsere Partner aus verschiedenen Teilen der Welt sagen sie wären Teil der Solace Ministries Familie.

Es ist die Erfüllung einer Verheißung, die Gott uns nach dem Völkermord gab. Vereinsamung war das häufigste, gemeinsame Problem, das von Überlebenden genannt wurde, wenn sie ihre Geschichte erzählten oder zur Seelsorge kamen, da die meisten einen Teil ihrer Familien oder ihre ganze Familie verloren hatten. Während unserer Gebete, versprach uns Gott, uns eine neue Familie von Brüdern und Schwestern zu geben, einschließlich Menschen von weit her! Zu der Zeit konnten wir uns nicht vorstellen, dass Gott vorhatte uns eine weltweite liebevolle Familie zu geben.

Unsere weltweiten Familienmitglieder geben uns ihr Geld, ihre Gebete und besonders ihre Zeit, wenn sie uns besuchen kommen, ein Zeichen ihrer Liebe und Fürsorge. Viele sind bis zum heutigen Tag mit uns verbunden. Es ist eine Freude und ein Vorrecht weiter gemeinsam denen zu dienen, die zerbrochenen Herzens sind, zur Ehre Gottes. Ihre Rolle in diesem Dienst ist unschätzbar.

Gottes erwählte Leute

Ich glaube, dass Gott viele unserer Solace Ministries Partner für einen besonderen Auftrag ausgewählt hat. Einige trafen wir zufällig, während sie das Land besuchten. Nachdem sie mehr über Solace Ministries erfahren hatten, fühlten sie sich dazu gedrängt eine Organisation zu gründen, um den Dienst zu unterstützen. Die folgenden Beiträge zweier unserer Partner veranschaulichen dies.

Wie meine Verbindung mit Solace Ministries zustande kam:

„Ich war praktizierender Arzt für Geburtshilfe und Gynäkologie in England, aber auch an Geschäften beteiligt. Auf einem unserer monatlichen Treffen mit anderen Geschäftspartnern in London, lud ein Freund von mir einen Nigerianer mit Namen Dele mit ein, den ich nie zuvor getroffen hatte. Am Ende unseres Treffens bat mein Freund diesen Dele uns zu erzählen, was er seit 1998 in Rwanda tat.

Zu der Zeit wusste ich überhaupt nichts über Rwanda, außer dass es irgendwo in Zentralafrika liegt und dort ein Krieg im Gange war. Was ich von Dele hörte, erzeugte ein starkes Verlangen in mir nach Rwanda zu gehen. Ich sagte ihm, wenn du das nächste Mal nach Rwanda gehst, komme ich mit. Zu der Zeit hat er mir nicht geglaubt, aber ich blieb mit ihm in Kontakt und nahm sogar an einem Tandemsprung mit ihm teil, den er organisiert hatte um Spenden zu sammeln. Danach nahm er mich ernst.

Im August 2005 schloss ich mich Dele und seiner Gruppe für eine zweiwöchige Reise nach Rwanda an. Nach der Ankunft brachte er mich zu Solace Ministries und stellte mich Jean Gakwandi vor. Als Jean hörte, dass ich Arzt bin, bat er mich, eine Sprechstunde für Frauen abzuhalten. (Es gab zu der Zeit eine kleine Klinik auf dem Gelände)

Diese Frauen zu sehen, eine nach der anderen, hinterließ bei mir einen tiefen Eindruck.

Da waren diejenigen mit Rückenschmerzen, aber der Grund dafür war, dass sie auf dem nackten Boden schliefen! Sie benötigten keine Medizin, sondern ein Haus und ein Bett zum Schlafen. Andere hatten Magenschmerzen, aber der Grund dafür war, dass sie nur zweimal in der Woche etwas aßen. Zu sehen, dass sie etwas brauchten, dass weit über Medikamente hinausreichte, öffnete mein Herz für sie.

Ich nahm auch an dem Gruppenseelsorgetreffen am Mittwoch teil und war bewegt von ihren Zeugnissen und Geschichten. Wir machten auch Hausbesuche, um Gemeinschaft mit den Waisen und Witwen zu haben und das ließ mich auch eine Menge für sie empfinden.

Das Größte für mich dabei war, dass es eine rwandische Hilfsorganisation war, die von Rwandern geführt wurde, um ihren eigenen Landsleuten zu helfen.

Nach diesen zwei Wochen in Rwanda wusste ich, dass dies die Berufung für mein Leben ist und warum Gott mich gerufen hatte zu kommen. Nachdem ich zurück in England war, habe ich sofort eine Hilfsorganisation unter dem Namen Solace Ministries UK, registrieren lassen."

Dr. Aderemi Banjoko – Solace UK

Unerwartete Begegnungen

„Die Idee für Mukomeze (Ermächtige sie) wurde am 1. Januar 2004 geboren. An dem Tag kamen wir (Anne Marie und Freek) am Flughafen in Rwanda an, wo wir per Zufall zum ersten Mal auf Jean Gakwandi trafen. Wir erfuhren bald, dass Jean ein Überlebender des Völkermordes war und der Direktor von Solace Ministries. Es entstand eine sofortige Verbundenheit mit Jean, teilweise, weil Anne Marie gerade an ihrer Doktorarbeit über sexuelle Gewalt gegen Frauen in Konfliktsituationen schrieb und teilweise, weil Jean eine Zeit lang in unserer Heimat, den Niederlanden, gelebt hatte. Einige Tage später trafen wir unerwartet erneut auf Jean, während wir die Stadt Butare im Süden von Rwanda besuchten.

Seitdem sind Jean und seine Organisation ein beständiger Teil in unserem Leben. Viele weitere Begegnungen und Ereignisse folgten, einschließlich weiterer Besuche in Rwanda, um die Arbeit von Solace Ministries besser zu verstehen und die Notleidenden zu treffen sowie 2007 die Teilnahme an der internationalen Konferenz von Solace Ministries in der Schweiz und in den Niederlanden machten wir auf die Situation und die Not von Überlebenden nach sexueller Gewalt im Völkermord aufmerksam. Wir waren von den Geschichten der Überlebenden des Völkermordes sehr berührt und ebenso von der Arbeit, die von Solace Ministries in Rwanda getan wurde. Eine tief empfundene Überzeugung, dass diese Überlebenden des Völkermordes von ganzem Herzen ihre Unterstützung verdienten, gipfelte am 8. Mai 2008 in der Gründung von Mukomeze in den Niederlanden mit dem Fokus auf dem Elend und den Nöten der Überlebenden von sexueller Gewalt während des Völkermordes 1994 gegen die Tutsi.

In der Zusammenarbeit mit Solace Ministries sind Überlebende sexueller Gewalt befähigt und gestärkt worden durch Paten-schaften und Projekte in den Bereichen Ausbildung und Landwirt-schaft sowie durch Einkommen generierende Projekte. Wir sind extrem stolz darauf, ein Teil der Solace Ministries Familie zu sein."

Anne-Marie de Brouwer & Freek Dekkers

Mukomeze Stiftung

Andere wurden treue Unterstützer nachdem sie mehr von den Trostdiensten kennengelernt hatten. Ihr Engagement, ihre Liebe und ihre Selbstverleugnung, um der Überlebenden willen, sind ein Beweis dafür. Sie tun es von ganzem Herzen, um Menschen Trost zu bringen, denen sie bis dahin vielleicht noch nicht einmal persön-lich begegnet sind.

Glieder eines Leibes

*„Gott aber hat den Leib (Christi) so zu-
sammengefügt, ... damit es keinen Zwie-
spalt im Leib gebe, sondern die Glieder
gleichermaßen füreinander sorgen. Und
wenn ein Glied leidet, so leiden alle Glieder mit; und wenn ein Glied geehrt wird,
so freuen sich alle Glieder mit." [50]*

Was wir mit unseren Brüdern und Schwestern aus vielen Teilen
der Welt erlebt haben, gab uns ein tieferes Verständnis der Bedeutung des Leibes Christi. Sie kamen, um mit denen zu weinen, die
weinten, und um mit ihnen mitzuleiden. Es war echtes Mitgefühl,
das die neuen Mitglieder der weltweiten Trostdienste Familie zeigten, die Gott zusammengeführt hat.

Carol Gumm von Kwizera, USA, berichtet von dem Eindruck, den
die Zeugnisse von Überlebenden auf Besucherteams hatten:

*„2007 begannen wir mit Teams Solace Ministries zu besuchen.
Wir lernten schnell die gravierenden Auswirkungen des Völkermords auf diejenigen, die überlebt hatten, kennen. Es war ein Vorrecht ihre Geschichten zu hören. Sie hinterließen einen lebenslan-
gen tiefen Eindruck davon, wie Gott Kraft gibt und seine Verspre-
chen hält, mit uns zu sein und uns nicht zu verlassen. Die Überlebenden des Völkermordes wiesen wieder und wieder darauf hin,
wie der Herr sie gerettet hatte, sie beschützt hatte und ihnen in
Situationen geholfen hatte, die zweifelsohne grauenhaft waren.*

---

[50]   1. Korinther 12, 24-26

Sie wussten, auf wen sie sich für alle ihre Bedürfnisse verlassen konnten und sie konnten dies offen und zuversichtlich verkünden, als ob sie sagen wollten, dass Gottes Schutz und Versorgen genug ist."

Diese Erfahrungsberichte haben Auswirkungen auf viele Besucher. Sie kommen aus Orten auf der Welt, wo es so viele Ablenkungen gibt, dass sie nicht erkennen können, wie Gott täglich in ihrem Leben wirkt.

Wenn diese Besucher den Herzenswunsch verspüren herzukommen um den überlebenden Witwen und Waisen zu helfen, löst das Erlebte in ihnen den Wunsch aus, nach Gott zu suchen und ihn näher kennenzulernen

Die außergewöhnliche Möglichkeit, den Weg der Überlebenden mitzugehen, mit ihnen in ihren Heimen zu sitzen und ihre Geschichten zu hören, ist eine besondere Erfahrung. Sie relativiert das gewohnte Leben mit seinen Ablenkungen, und diese Besucher fragen stattdessen danach, wie sie in engerer Verbindung zum Schöpfer leben können und bei seiner Absicht für die Welt mithelfen können.

Ray und Carol Gumm – Kwizera Ministries USA

Die Vision teilen

Über das Verstehen der Nöte von Überlebenden des Völkermordes hinaus, haben unsere Freunde die Vision zu ihrer eigenen gemacht. Sie beschlossen Partner unseres Dienstes zu werden und andere Personen oder Organisationen auf die Situation der verletzten Menschen aufmerksam zu machen.

Viele Gemeinden haben Solace Ministries zu ihren Missionspartnern gemacht. Dazu gehören die Pauluskirche und die Emmauskirche in Deutschland; die Emmen Baptist Church in den Niederlanden; die Southover Church, die Deanery von Dibden und Lyndhurst in England; die Airdrie und Dumbarton Gemeinden in Schottland.

Die Partnerschaft mit Organisationen wie ORA International, Missionswerk Frohe Botschaft (MFB) in Deutschland und ORA in der Schweiz, haben Kindern und jungen Leuten mit ihren Patenschafts-Programmen Hoffnung zurückgebracht.

Einige Einzelpersonen haben Organisationen gegründet, die die Vision von Solace Ministries widerspiegeln, wie Kwizera Ministries in den USA, Inspire!Africa in Kanada, Solace UK in England, Comfort Rwanda in Schottland, Mukomeze in den Niederlanden und in 2014, Keza Foundation in Norwegen. Margaret McQuiston erzählt, was sie dazu inspirierte die Vision zu teilen:

„Ich habe Solace bei meiner ersten Reise nach Rwanda, 2006, kennengelernt. Meine Freundin Rebecca Tinsley hatte mich eingeladen, die Arbeit kennen zu lernen, die getan wurde, um Witwen und Waisen des Völkermordes zu unterstützen. Ich muss bekennen, dass ich zu dem Zeitpunkt sehr wenig über Rwanda und den Völkermord wusste, aber ich war sehr interessiert an Entwicklungshilfe und an Reisen, so nahm ich ihre Einladung begeistert an. Rebekka bot mir eine Auswahl an Unterkünften für die Zeit in Kigali an. Ich konnte entweder mit der restlichen Gruppe im Hotel Milles Collines wohnen oder in einem neuen, ungetesteten Gästehaus, betrieben von Solace Ministries. Ich wählte das Gästehaus, da es sehr viel günstiger war, aber auch weil mir die Idee gefiel, Überlebende zu unterstützen anstelle eines reichen Hotelbesitzers.

Wie sich herausstellte, war ich der allererste Gast im Solace Gästehaus und der einzige Gast zu der Zeit. Auch wenn ich mich, ganz allein in so einem großen Haus, ein wenig einsam fühlte, hatte ich es recht bequem in meinem wunderbar geräumigen Zimmer im obersten Stockwerk, mit einer spektakulären Aussicht. Zu der Zeit war das Gästehaus noch nicht annähernd so wie heute. Ich erinnere mich daran, wie ich jeden Morgen die Treppen heruntergehen musste und raus bis zum Eingangstor, um den Hausverwalter daran zu erinnern das heiße Wasser anzustellen, damit ich duschen konnte.

Während meiner Woche in Kigali hatte ich die Gelegenheit viele Mitarbeiter von Solace kennenzulernen und ebenso viele Überlebende, die von den Solace Programmen profitierten. Ich wurde voller Gastfreundschaft willkommen geheißen und sie inspirierten mich mit ihrer Resilienz und Hoffnung.

Zurück in Kanada, wollte ich etwas tun, um Solace und einige der anderen Projekte, die ich gesehen hatte, zu unterstützen. Ich sprach mit meinem Freund Alix MacDonald und wir beschlossen eine Organisation zu gründen mit dem Namen INSPIRE!Africa. Wir waren überwältigt von dem Erfolg unseres allerersten Spendenaufrufs und von der Anzahl der Menschen, die bereit waren zu helfen. 2008 boten wir unsere erste Freiwilligen Reise nach Rwanda an, damit andere dieselbe Gelegenheit hätten, die erfolgreiche Arbeit zu sehen, die für Überlebende getan wurde. 2014 war unsere 4. Reise und jedes Mal wohnten wir im Solace Gästehaus. Wir kommen immer wieder zu Solace zurück, weil wir uns so willkommen geheißen fühlen, das Essen wunderbar ist und wir Programme von Solace unterstützen.

Seit 2007 sammelt INSPIRE!Africa Spenden zur Unterstützung des Nutztierprogramms von Solace . Wir wissen, dass die Tierhaltung tiefgreifende Auswirkungen im Leben vieler Überlebender, meistens Witwen, hat, denn wir haben es selbst gesehen. Auf unseren Reisen sind wir vielen begegnet, die ein Tier bekommen haben und sie erzählen uns, wie viel ihnen das bedeutet und wie es ihr Leben verändert hat. Für viele Witwen ist eine Kuh nicht nur eine Quelle dringend benötigter Milch, sondern auch ein Gefährte."

Margaret McQuiston, INSPIRE!Africa, Kanada

Gegenseitiger Trost

Das Familienkonzept zeigt sich darin, dass Besuche aus anderen Ländern regelmäßig stattfinden. Es sind unschätzbare Zeiten persönlicher Begegnung. Zusammen zu sein, miteinander Gemeinschaft zu haben, zu singen und zusammen zu beten, schafft eine Verbindung spürbarer Liebe.

Den Zeugnissen und Geschichten von Witwen und Waisen zuzuhören, führte manchmal erneut zum Weinen, auf beiden Seiten, und wirkte mit im Heilungsprozess der Traumatisierten. Einige der Besucher mit verborgenen Wunden erfuhren Heilung durch das Hören der Zeugnisse und indem sie ihre eigenen Erlebnisse zum ersten Mal erzählten, nachdem sich gegenseitiges Vertrauen entwickelt hatte. Das wurde für viele zum gegenseitigen Trost im Heilungsprozess.

Carol Gumm setzt ihren Beitrag fort, indem sie, mit Erlaubnis, die folgenden beiden Zeugnisse wiedergibt:[51]

---

[51] Die Namen in allen Zeugnissen wurden geändert

„Kitty ist eine junge Dame, die mit unserem Team nach Rwanda reiste, um Solace Ministries zu besuchen. Am Tag unserer Ankunft konnten wir gemeinsam mit den Witwen und Waisen an einem Sonntagsgottesdienst teilnehmen. Vor der Reise hatten wir das Team auf die kulturübergreifenden Aspekte vorbereitet und auf das, was sie erwartet, wenn wir da sind, aber keiner von uns war darauf vorbereitet zu erleben, auf welch wunderbare Weise der Herr an diesem Tag wirken würde.

Kitty stand auf, um den Witwen und Waisen zu sagen, warum sie dachte, dass Gott sie zu ihnen gesandt hätte. Während ihrer Gruß-worte erhielt sie die Kraft, den Überlebenden und dem Team zu erzählen, dass sie in den letzten Jahren ein Opfer von Vergewaltigung gewesen war. Es gab ein hörbares nach Luft schnappen im Konferenzraum. Witwen, vermutlich selber Vergewaltigungsopfer, standen auf und liefen schnell zu Kitty. Sie umarmten sie und weinten zusammen mit ihr. Im Saal herrschte Stille, während sich das Trauma offenbarte. Wir erlebten mit, wie sie beisammen standen und sich gegenseitig stützten, während sie von ihren schrecklichen Erlebnissen erzählten. So überbrückten sie kulturelle Unterschiede, um einer Schwester im Glauben zu helfen. An dem Tag erklärte Kitty, dass sie versteht, wie „die Liebe Christi sich aus-wirkt" und was der Leib Christi bedeutet.

Kitty ging nach Hause und kam mit ihrem Ehemann zurück, damit er dieselbe Liebe erfahren kann. Jetzt hält sie selber Vorträge über die Liebe Christi. Sie spricht Gottes Wahrheit in das Leben von Vie-len hinein. Sie tröstet andere, weil sie getröstet wurde. Menschen in den USA erkennen die Hand Gottes in ihren Leben und sie sin-gen zu Gottes Ehre, weil Kitty, während ihres Besuches bei Solace, in der Begegnung mit überlebenden Witwen und Waisen, von der heilenden Hand Gottes berührt wurde.

Caroline, auch Teil unseres Teams, war ebenfalls ein Vergewalti-
gungsopfer. Ihre Geschichte umspannt viele Jahre ihrer Kindheit.
Die Täter waren Mitglieder ihrer Familie. Sie kam zusammen mit
ihrem Freund zu Solace, um Liebe in das Leben der Überlebenden
hinein zu bringen. Während ihrer Zeit bei Solace erkannte sie, wie
der jahrelange Missbrauch in ihrem Leben ihre Lebensentschei-
dungen beeinflusst hatte. Alle Ablenkungen des Lebens waren
weg, während sie diese Woche durchlebte, die Geschichten hörte
und die Hoffnung sah, die die Menschen von Solace hatten. Sie
selbst traf sich mit einer Gruppe, die Opfer von Vergewaltigungen
waren und konnte ihnen ihre Geschichte erzählen. Das beeinfluss-
te ihre Heilung, so wie derselbe Prozess Viele in Solace geheilt
hatte. Sie kam nach Hause und sprach offen über ihre Erfahrung.
Im Laufe der Jahre erlebte sie, wie es ihr half, Beziehungen zu ih-
rer Familie zu heilen. Caroline würde ihnen sagen, dass sie die
wahre Bedeutung von Vergebung von den Menschen in Solace
gelernt hat, besonders von Jean Gakwandi und seiner Frau Vivia-
ne.“

Ray und Carol Gumm – Kwizera Ministries USA

Bei einem Besuch geht es nicht nur um das Austauschen von Geschichten. Es kann auch bedeuten, gemeinsam Häuser für Obdachlose zu bauen oder auf den Farmen mitzuarbeiten und die einhei-
mischen Werkzeuge und Methoden zu verwenden, die in Europa
und Amerika vielleicht nicht bekannt sind. Es ist außerdem ein
starkes Zeichen von echter Liebe innerhalb der Familie Gottes in
den bescheidenen Häusern von Überlebenden zu schlafen und
miteinander das Gleiche zu essen. Zwischen Menschen aus verschiedenen kulturellen Hintergründen entstand Einheit. Wir danken Gott, dass wir in Jesus Christus Eins sind.

TEIL II

LEBENDIGE ZEUGNISSE

DER LEBENDIGE GOTT

Während des Völkermordes 1994 an den Tutsi in Ruanda zweifelten viele an der Existenz Gottes. In ihrem Glauben angefochten dachten die Gläubigen, Gott hätte das Land verlassen. Dennoch schrie die Mehrzahl der Menschen, Opfer wie Überlebende, bis zum letzten Augenblick vor ihrer Ermordung oder Rettung zu Gott. Ohne Zweifel begegneten sie Gott entweder auf dieser oder auf der anderen Seite ihres Lebens. Die, die getötet wurden, starben mit Hoffnung, und die, die überlebt haben, erfuhren Gottes Treue. Die Überlebenden sind da und verkünden, dass Gott immer bei ihnen war, ganz nah bei jedem Einzelnen - mehr noch als in normalen Zeiten.

Gott war der engste Freund zum Reden: sei es in stillen Schreien verborgen im eigenen Herzen, sei es hörbar: sprechend, flüsternd, stöhnend oder wenn möglich auch laut schreiend. Gott erwies sich als die Zuflucht und als der Helfer in Zeiten der Not[52] und als der treue Freund, der die Verheißung in Jesaja 43, 2-3 erfüllt hat:

„Wenn du durchs Wasser gehst, so will ich bei dir sein, und wenn durch Ströme, so sollen sie dich nicht ersäufen. Wenn du durchs Feuer gehst, sollst du nicht versengt werden und die Flamme soll dich nicht verbrennen. Denn ich bin der Herr, dein Gott..."

---

[52]   Vgl. Psalm 46,1: Gott ist unsere Zuflucht und Stärke, ein Helfer, bewährt in Nöten.

Er war mit Vielen im „Wasser" und im „Feuer" und bis zum Zeitpunkt des Todes. Diejenigen mit Narben von Buschmessern geheilt ohne chirurgische Hilfe, und diejenigen, die mit gefesselten Armen und Beinen in Flüsse geworfen worden waren, und überlebt haben, sind lebende Zeugen für tatsächliches Handeln Gottes. Viele Überlebende wurden durch Wunder gerettet, indem Gott die Augen der Mörder blind machte und sie unbemerkt an ihnen vorbeigingen. Jene, die in Fäkalgruben geworfen wurden, mit Leichen in Massengräbern begraben oder in Leichenhallen abgelegt wurden und dennoch lebend herauskamen, sind alle lebendige Zeugen der mächtigen Werke des Herrn.

Viele Opfer waren treu bis in den Tod und starben auf mutige Art und Weise. Ihre Augen fest auf das gerichtet, was hinter den Buschmessern, den Knüppeln, dem Feuer, den Kugeln und Bomben war. Ihr Glaube war so stark. Wie alle anderen Märtyrer von alters her folgten sie in den Fußspuren unseres Herrn und Heilands, indem sie sprachen. *„Herr, vergib ihnen, denn sie wissen nicht, was sie tun."*

Gott begleitete die Überlebenden[53]. Babys, die von RPF-Soldaten von den toten Körpern ihrer geliebten Mütter aufgehoben und gerettet wurden, sind erwachsen geworden. Mütter, die all ihrer Kinder und liebenden Ehemänner beraubt wurden, arbeiten hart daran weiterzuleben und helfen anderen weiterzuleben, trotz der schweren, schmerzvollen Vergangenheit. Waisen, die nie das Recht auf eine eigene Kindheit hatten, gründen jetzt eigene Familien.

1994 behaupteten Mörder Gott sei tot. Einige von ihnen erklärten, ihn getötet zu haben, um so die eigene Schuld auszulöschen.

---

[53] Vgl. Jesaja 43, 2-3

Sie lagen sowohl richtig als auch falsch mit ihrer Behauptung, denn in der Tat hatten sie ohne Gott kein Gewissen und waren niemandem gegenüber verantwortlich. Deshalb widmeten sie sich jeder Art von Bösem: plündern, vergewaltigen, töten. Im Gegensatz dazu glaubten die Überlebenden an einen Gott, der nicht sterben kann. Er gibt das Leben und ist den Menschen immer nah, die zu ihm um Hilfe rufen. Sie sind lebendige Zeugen seiner Existenz und seiner Treue.

Die Solace Ministries sind ebenfalls ein lebendiges Zeugnis für die Werke des Herrn. Der Dienst entstand aus dem Nichts. Im Gehorsam gegenüber Seinem Wort sahen wir, wie erstaunliche Dinge geschahen und immer noch geschehen. Bis heute wurde bei Tausenden von Witwen und Waisen der Wille zum Weiterleben wiederhergestellt. Sie wissen, dass Jesus all ihr Leid und ihre Schmerzen auf sich genommen hat. Die Verheißungen Gottes haben sich erfüllt.

Die folgenden Seiten beinhalten nur ein paar der vielen Zeugnisse, die uns erzählt wurden. Einige Geschichten sind schwer zu glauben, und es ist herzzerreißend, sie zu hören oder zu lesen. Aber wir glauben ihnen, weil wir das Gesagte gesehen, mit unseren Händen berührt und selbst erlebt haben. [54]

Nachdem wir diese Zeugnisse wunderbaren Überlebens gesammelt hatten, erlebten wir mit, wie aus den Zeuginnen allmählich neue Menschen wurden, nachdem sie Heilung und Tröstung erfahren hatten. Viele dieser Zeugnisse wurden entweder beim ersten Besuch bei Solace Ministries oder während der Seelsorgesitzungen aufgeschrieben.

---

[54]   Vgl. 1.Johannes 1,1

Ähnliche lebensverändernde Geschichten geschehen auch heute noch in Solace. Das bestätigt, wie Gott Überlebende dem Tod entrissen hat, um sie zu Zeuginnen eines Friedens und einer Hoffnung zu machen, die niemand außer Gott allein geben kann.

„Meinen Frieden gebe ich euch.
Es ist ein Friede,
den die Welt nicht geben kann.
Es ist ein Friede,
den die Welt nicht verstehen kann.
Friede zu verstehen.
Friede zu leben.
Meinen Frieden gebe ich euch.[55]

---

55   Lied von den Maranatha-Sängern

Sie schrien zum Herrn... und er errettete sie

KAMALI

Es begann bereits 1992, dass Tutsi und Hutu, die gegen das Regime waren, in Bugesera getötet wurden. Damals wurde auch die Italienerin mit Namen Antonia Locatelli von den Interahamwe getötet. Sie hatte der Welt über internationale Radiosender berichtet, was sie gesehen hatte, und einige Tutsi in ihrem Haus versteckt.

Ich war unter denen, die zu ihrem Haus gekommen waren, um sich zu verstecken. Nach einer Weile beschlossen wir, in der Kirche von Nyamata Zuflucht zu suchen, während andere auf die Hügel oder ins Gebüsch gingen. Die Interahamwe und die CDR begannen, unsere Häuser zu stürmen und niederzubrennen. Sie töteten jeden Tutsi, den sie zu Hause antrafen. Sie töteten sie mit Buschmessern und mit nagelbesetzten Knüppeln. Diejenigen, die zum Hügel Kayumba geflohen waren, setzten sich zur Wehr und kämpften gegen die Interahamwe. Das Morden hielt dort nicht lange an. Es endete nach drei Wochen. Danach hatten viele Tutsi keinen Ort mehr, wohin sie gehen konnten, denn ihre Häuser waren niedergebrannt oder zerstört.

1994 war die Situation viel schlimmer. Nachdem wir gehört hatten, dass der Präsident tot war, begannen Menschen zu sagen, dass die Zeit der Tutsi vorbei sei.

Ich kann mich nicht mehr an das genaue Datum erinnern, aber es war zwischen dem 9. und 12. April 1994, als wir aus unserem Zuhause flohen. Die Angriffe fanden überall statt.

Wie 1992 versuchten einige Tutsi, Widerstand zu leisten und gegen die Interahamwe zu kämpfen. Letztere bekamen jedoch Hilfe von Soldaten und Gendarmen, was sie viel stärker machte. Da war kein Widerstand mehr möglich. Sie töteten auch Kinder und ältere Leute.

Die Überlebenden wurden von den Interahamwe mit Hunden aufgespürt. Die Tutsi flohen, wohin immer sie konnten, irgendwohin, wo sie dachten, sie könnten einige Tage weiter überleben. Einige gingen um sich im Papyrussumpfland des Akageraflusses zu verstecken, andere flohen nach Kayenzi und in die Kirchen von Nyamata und Ntarama. Ich ging zur Kirche von Nyamata. Die Interahamwe, die uns angriffen, hatten Gewehre, Granaten und natürlich auch Knüppel und Macheten. Sie warfen Granaten in die Menge und ich hatte Glück, dass ich nicht verletzt wurde. Sie kamen in die Kirche hinein und erledigten die noch Lebenden mit Buschmessern. Ich versteckte mich unter toten Körpern. Als es dunkel war, ging ich nach draußen. Ich wollte nach Kayumba gehen. Ich traf andere Überlebende, die mir sagten, dass viele Menschen gestorben waren, einschließlich derer, die nach Kayenzi geflohen waren. Wir konnten die Interahamwe nicht bekämpfen. Sie waren jetzt mit der Präsidentengarde (GP) zusammen. Die GP war die bestausgebildete Einheit in der Armee. Einmal war einer der Soldaten getötet worden und wir konnten sein Gewehr benutzen, um uns für viele Stunden zu beschützen. Die Obrigkeiten schickten viele weitere Soldaten und sie töteten viele Weitere von uns. Die, die überlebten, waren verwundet, einige schwer.

Ich überlebte mit meinen jüngeren Brüdern und Schwestern. Ich bin jetzt das Oberhaupt unserer Familie. Nach dem Völkermord gab es eine Hungersnot, was natürlich die Probleme, die wir bereits hatten, verschlimmerte. Es war eine schreckliche Zeit. Wie wir überlebten, weiß ich nicht. Ich glaube, es ist ein Wunder Gottes.

In dieser Zeit fing Solace an, nach Nyamata zu kommen. Solace versorgte uns mit verschiedenen Lebensmitteln und half den Menschen, ihre Felder zu bestellen, da es bald danach regnete. Mehr noch: wenn Solace kam, begannen sie, uns wie eine Familie zu versammeln und Kindern halfen, sie zurück in die Schule zu gehen.

ESPERANCE

An dem Morgen, an dem das Morden begann, am 7. April, wurden wir aufgefordert, unsere Häuser nicht zu verlassen. Nach zwei Tagen begannen Menschen, zur nahegelegenen Kirche weg zu rennen. Wir hatten Angst, dorthin zu laufen, und rannten stattdessen zum Haus eines Nachbarn. Aber die Männer der Miliz griffen dieses Haus an, so dass wir fliehen mussten. Ich wurde vom Rest meiner Familie getrennt und ging in das Haus eines anderen Nachbarn. Er war jemand, den ich für einen guten Christen hielt, aber er jagte mich fort und sagte, er könne mir nicht helfen. Die weiteren Nachbarn, bei denen ich es versuchte, jagten mich auch weg und sagten mir, dass sie keine Tutsi in ihren Familien wollten.

Schließlich versuchte ich auch zu der Kirche gehen, aber dort wurden Menschen getötet. So versuchte ich es bei einem weiteren Nachbarn. Dort fand ich meine Mutter.

Sie war überrascht, mich zu sehen, weil sie dachte, ich wäre tot. Nach einiger Zeit kamen die Milizionäre. Sie befahlen dem Oberhaupt des Haushalts, alle Menschen, die er versteckte, herauszugeben. Zuerst stritt der Mann ab, dass er jemanden in seinem Haus hätte. Nachdem sie weiter insistierten, forderte er uns auf, hinauszukommen. Ich kam zuerst heraus und sie fragten mich, ob ich die einzige Person wäre. Ich sagte ihnen, ich wäre die Einzige. Sie sagten mir, ich solle keine Angst haben und stattdessen zurück zu meinem Zuhause gehen. Sie sagten mir, ich solle nicht nach links oder rechts schauen und auch nicht zur Gemeinde zurückgehen, weil sie mich nicht verschonen könnten, falls sie mich wieder fänden.

Ich rannte zum Haus von Tacien, einem anderen Nachbarn, dessen Tochter mich in einem Korb von Erdnüssen versteckte. Einige Interahamwe kamen vorbei und fragten sie, ob sie einen Tutsi vorbeigehen gesehen hätte. Sie sagte, sie hätte einen vorbeieilen sehen, und so gingen sie weiter. Danach sagte sie mir, ich müsse das Haus verlassen, wenn es dunkel ist, denn ihr Vater würde mich töten.

Ich ging zum Haus von Karemeras Familie, dessen Söhne abscheuliche Mörder waren. Seine Tochter versteckte mich in einem Graben und brachte mir zu Essen. Eines Tages bot sie mir an, in ihrem Schlafzimmer zu schlafen, aber unglücklicherweise fand ihr Vater mich dort. Er hatte eine Machete dabei, die er zum Schlachten von Kühen benutzte. Er sagte mir, ich solle sofort gehen und dass jeder

Tutsi sterben müsse. Er brachte mich nach draußen an die Straße zu seinen Söhnen. Sie sagten, dass ich ihnen gehörte.

Dann sah ich eine große Menschenmenge mit allen Arten von Waffen auf mich zukommen. Sie schlugen auf Trommeln und bliesen Pfeifen. Als sie bei mir ankamen, schrien sie laut auf, weil sie überrascht waren, dass ich noch am Leben war. Der Bürgermeister kam vorbei und sandte nach einem Torwächter, um eine Granate nach mir zu werfen. Ein Mann namens Mariko hörte diese Anweisung und sagte einem Kind, es solle gehen und mich warnen. Aber als ich weglief, fiel ich in eine Fäkalgrube. Ein Mann mit Namen Hamad hatte mich hineinfallen sehen und er holte mich heraus und wusch mich ab. Als ich das Bewusstsein wiedererlangte, war ich von vielen Interahamwe umgeben. Sie vergewaltigten mich - einer nach dem anderen. Sie gingen weg und ließen mich bei Hamad. Ich entkam und ging zurück zu Karemeras Haus und bat ihn, mich zu töten. Seine Frau jagte mich einfach weg. An allen anderen Orten, zu denen ich ging, jagten sie mich weg. An einem Punkt traf ich auf Männer der Miliz, die mich auch wieder vergewaltigten. Ich wurde von einer großen Anzahl von ihnen vergewaltigt. Sie zogen mich nackt aus und befahlen mir, ein Loch zu graben. Sie sahen zu, während ich grub. Ein Mann, Bienvenu, kam mir zu Hilfe und nahm mich mit in sein Zuhause, nicht aus Mitleid, sondern um mich als seine Frau zu behalten. Es gab noch andere Mädchen dort, die auch in diesem Haus vergewaltigt worden waren. Nach einiger Zeit hörten wir, dass die Inkotanyi gekommen waren. Die anderen Mädchen rannten weg. Als Bienvenus Bruder kam, sah er, dass das Mädchen, das er zu dem Haus gebracht hatte, weg war. Ich war die Einzige, die noch übrig war, darum packte er mich und vergewaltigte mich stattdessen.

Gewehrschüsse waren weiter von draußen zu hören und so flohen schließlich alle Interahamwe. Die Inkotanyi fanden uns und kümmerten sich um uns. Sie waren sehr freundlich zu uns.

Ich lernte einen jungen Mann kennen, der mich sehr liebte und in der Lage war mir dies auch richtig zu zeigen. Es dauerte eine Weile, bis ich seine Liebe annehmen konnte, aber er war so überzeugend, dass wir im Juli 1994 heirateten. Ich bekam mein erstes Kind 1996, das nächste 1998 und das letzte 2002. Das Leben war, gut bis mein Ehemann 2002 auf mysteriöse Weise verschwand. Ich habe ihn seitdem nicht mehr gesehen. Seine Familie weiß auch nicht, wo er ist. Ich wurde allein gelassen, ohne Job und mit einer Familie, für die ich sorgen musste. Schlimmer noch: Als ich zu einem HIV-Test ging, wurde ich positiv getestet. Ich war völlig am Boden zerstört. Keine Hoffnung. Ich konnte nicht alles, was notwendig war, für die Kinder finden und sie sahen unterernährt aus. Ich war vollkommen entmutigt und traumatisiert. Ich zog es vor, mich in die Einsamkeit zurückzuziehen und dachte Gott würde mich hassen. Warum passieren mir alle diese Dinge? Ich hatte nirgends einen Ort, wohin ich gehen konnte.

Eine entfernte Kusine besuchte mich und nahm mich mit zu Solace Ministries. Dort fühlte ich mich gut aufgenommen und ich begann, mich zu öffnen und über meine Situation zu sprechen, auch wenn meine Stimme aufgrund meines Traumas weg war. Nach und nach kam meine Stimme zurück und ich teilte meine Geschichte mit anderen Frauen. Dort erkannte ich, dass Gott mich sehr liebt. Er stellte meine Freude und meinen Frieden wieder her.

Meine Kinder wurden ins Sponsorenprogramm aufgenommen. Ich selber bin gestärkt worden. Ich nahm Jesus in mein Leben auf. Das Leben fing wieder an und ich habe jetzt Hoffnung.

DORCAS

Ich war zwanzig Jahre alt, als der Völkermord begann. Der Name meines Vaters war Gabriel, der meiner Mutter Madeleine. Ich lebe allein in Bicumbi, Rubona, denn meine Kusine, die nach dem Krieg bei mir gelebt hat, ist jetzt verheiratet.

Vor dem Völkermord waren wir neun Kinder in meiner Familie. Beide, meine Mutter und mein Vater starben, zusammen mit all meinen Brüdern und Schwestern. Wir hatten viele Verwandte überall im Land. Ich floh zusammen mit anderen Kindern in einen anderen Bezirk. Ich blieb fünf Tage lang in einem Sorghum-Feld. Ich war auf den Rücken geschlagen worden. Ich ging nach Hause zurück und fand, dass alle getötet worden waren. Ich fand zwei Frauen, die überlebt hatten. Sie wurden getötet kurz nachdem ich sie gefunden hatte. Eine wurde sogar lebendig in eine Fäkalgrube geworfen. Ich wurde auf den Kopf geschlagen und mein rechtes Bein war gebrochen.

Ein Anführer der Interahamwe sagte: „Lasst sie uns nicht töten, sondern mit dem Hässlichsten von uns verheiraten." Das geschah, um mich zu erniedrigen. Schließlich entschied er, mich zu verkaufen. Ein Interahamwe bot 2000 RWF.[56] Ein zweiter bot 5000 RWF. Sie wurden abgewiesen, weil der Preis zu niedrig war. Ich bat sie dringend, mich zu töten. Einer sagte: „Ich möchte sie aufreißen und ihr Herz essen. Wenn ihr sie nicht wollt, lasst sie uns töten." Ich wurde dann für 7000 RWF gekauft und von vielen Menschen vergewaltigt. Ich wollte mich umbringen. Ich fing an zu glauben, dass Gott nicht existiert, auch wenn ich eine charismatische Katholikin war.

---

[56]   Entsprach zu der Zeit etwa 15 Dollar

Tage später, als der Interahamwe, der mich genommen hatte, weg war, versuchte ich, mich mit einer Schnur an einem Baum zu erhängen. Ein Hutu-Mädchen sah mich und sagte mir, ich solle gehen, um mich von Mördern töten zu lassen anstatt mich selbst zu töten, denn das sei eine Sünde.

Die Mörder kamen jeden Tag zurück, um nach mir zu sehen und schlussendlich wollten sie mich töten. Der Interahamwe, der mich gekauft hatte, versteckte mich. Schließlich wurde ich schwanger. Wegen meiner Trauer und meinen Lebensumständen wurde das Baby tot geboren. Das war sehr schwer für mich, denn ich wollte ein Kind sehen nach all meiner Trauer und meinen Schmerzen.

Der Völkermord hatte für mich viele Folgen. Ich bin behindert und lebe in Armut, denn ich kann nichts mehr für mich selber tun. Ich kann kein Wasser holen und nicht auf dem Feld arbeiten. Ich litt unter Angst, Kummer und Schlaflosigkeit. Ich hatte auch ein Magengeschwür.

Ich dachte, dass Gott nicht existiert, und ich hasste ihn. Ich zog mich zurück und war voll Zorn und Bitterkeit. Ich wollte nur noch weinen und ich hasste alle. Ich hatte nirgendwo einen Ort zum Leben, denn mein Elternhaus war zerstört.

In dieser Verfassung begegnete mir Leocadia, die Frau, die für die Kinderhaushalte in Gasabo verantwortlich war.

Sie brachte mich zu Solace Ministries und ich war erstaunt, Menschen zu treffen, die an mir interessiert waren. Ich kann jetzt schlafen. Ihretwegen fing ich an, wieder zur Kirche zu gehen und andere Kinder, die in meiner Heimatregion leben, zu besuchen und ihnen zu helfen.

Ich konnte bereits 37 Waisen identifizieren, die in zwölf Familien ohne Erwachsenen leben, die von Kindern geleitet werden. Sie waren sehr glücklich, zum ersten Mal nach acht Jahren wieder zusammen zu sein und ihre Probleme miteinander zu teilen.

XAVERINE

Mein Name ist Xaverine. Ich bin eine Waise. Fast meine gesamte Familie wurde im Völkermord getötet. Nur eine Schwester überlebte. Ich lebe mit meiner Schwester, die für mich die Schule aufgegeben hat. Sie wollte, dass ich zur Schule gehe, da ich zu Hause keine Arbeit für unser Überleben verrichten konnte. Ich bin behindert. Ich gehe jetzt in die Oberschule.

Der Völkermord begann, als ich zwölf Jahre alt war. Wir flohen zu einer Kirche im Bezirk Musambira, weil wir dachten, es würde kein Morden in einem Gotteshaus geben. Nachbarn und Interahamwe kamen von überall her und warfen Granaten in das Gebäude. Die Mörder hatten Buschmesser und mit von Nägeln bestückte Knüppel und stoppten alle, die fliehen wollten. Ich blutete an meinen Beinen. Tote Körper und solche, die kurz davor waren zu sterben, lagen überall in dem Gebäude. Alles war voller Blut. Dann kamen die Interahamwe, um Geld von den Toten zu stehlen.

Als sie die Leichname verließen, meinte jemand, ich wäre noch am Leben, entschied aber, mich nicht zu töten.

Es gab wohl noch vier weitere Kinder, die überlebten. Die ganze Kirche war erfüllt von den Schreien der Sterbenden und derer, die getötet wurden.

Ich hatte Angst, aber sie brachten mich ins Kabgayi Krankenhaus, als ich bewusstlos war - vielleicht, weil ich stark blutete. Als ich aufwachte, tastete ich meinen Körper überall ab und merkte, dass mein Bein durch eine Granate abgetrennt worden war. Ich war traurig bei dem Gedanken, wie ich mit nur einem Bein und ohne Eltern überleben sollte. Ich fragte mich, wer für mich sorgen würde. Ich blieb in einem Krankenhaus, aber dann musste ich gehen.

Ich fand meine Schwester und wir hatten ein hartes Leben. Ich hörte von Solace und ging hin, um nach Heften und anderem Schulmaterial zu fragen. Sie gaben sie mir, aber ich fand auch Trost. Ich traf dort Ersatz-Eltern, die mich liebten und meine Probleme teilten. Sie trösteten mich und ich fühlte mich nicht länger verwaist. Gott gab mir neue Eltern. Ich danke Gott für die neue Krücke, die Solace mir gab. Die, die ich hatte, war zu klein für mich, weil ich gewachsen war. Überall sonst, wo ich versucht hatte, nach einer zu fragen, zeigte niemand Interesse an mir. Wenn ich ein Problem habe, gehe ich zu Solace, wo ich Eltern finde, die mir Rat geben. In Solace gibt es auch andere Kinder, so dass ich mich nicht allein fühle. Wir sind eine Familie.

Ich lerne gut, aber ich habe immer noch Probleme mit dem Lebens-unterhalt und anderen Dingen, die junge Mädchen brauche. Ich danke dem Herrn, der uns tröstet und der Solace ins Leben gerufen hat. Solace bringt uns in den Ferien zusammen und verhindert damit, dass wir uns um das Morgen sorgen. Sie unterweisen uns darin, wie wir leben sollen, und geben uns den Rat, der uns von Tanten gegeben würde, wenn wir welche hätten. Das gibt uns das Gefühl, nicht länger abgelehnt, sondern etwas Besonderes zu sein.

PEACE

Meine beiden Eltern und wir sechs Kinder waren meine Familie. Wir lebten in Nyanza. Während des Völkermordes kamen Tutsi aus Gikongoro, um sich in unserer Heimatregion zu verstecken. Sie berichteten, dass Tutsi getötet würden. Dann folgten die Mörder aus Gikongoro auf der Suche nach Kühen und den Menschen, die von dort geflohen waren. Diese Mörder fingen an, unsere Häuser niederzubrennen und wir flüchteten in die Felder.

Es gab einen Soldaten bei uns, der uns beschützte. Die Interahamwe fürchteten sich und riefen weitere von ihren Soldaten. Seine Kugeln gingen aus und sie begannen auf uns zu schießen. Mein Bruder wurde in dieser Zeit getötet. Wir wurden von unserem Vater getrennt und unsere Mutter sagte uns, wir sollten weglaufen, weil sie nicht wollte, dass wir vor ihren Augen getötet würden. Wir gingen zu einem Haus, wo wir aufgenommen wurden, aber schließlich forderten sie uns auf wegzugehen.

Unterwegs logen wir über unsere Identität. Später fanden wir heraus, dass unsere Eltern getötet worden waren. Ich sagte meinen Geschwistern, dass wir an die Straße gehen sollten, um getötet zu werden. Wir waren verzweifelt und wollten sterben.

Die Mörder kamen und fragten uns, wer wir seien. Wir haben wieder gelogen und sie ließen uns gehen.

Später hörten wir, dass alle Tutsi, die noch lebten, getötet werden sollten. Wir gingen an einen Ort, wo tote Körper waren. Wir beschlossen, uns unter die toten Körper zu legen und verteilten Blut überall auf uns.

Wir hatten in der Tat keine Angst zu sterben, aber wir hatten Angst, vor der Art und Weise, wie wir sterben würden. Mädchen wurden vergewaltigt, ehe sie grausam getötet wurden.

Wir sahen einen Jungen aus dem Ort, in dem wir uns vorher versteckt hatten. Er nahm uns mit und brachte uns zu seinem Zuhause. RPF-Soldaten waren in der Nähe, so flohen die Menschen, die uns versteckten und nahmen uns mit. In dem Flüchtlingslager wollten andere Interahamwe mich töten. Ich konnte entkommen und ging dorthin, wo die RPF ihr Lager hatte. Später fand ich alle meine anderen Geschwister wieder und wir haben seit dieser Zeit immer zusammengelebt.

Nach dem Völkermord hatten wir keine eigene Familie mehr. Unsere beiden Brüder und beide Eltern waren getötet worden. Wir waren vier Mädchen und ich war die Älteste. Wir wurden von Pflegeeltern mitgenommen und lebten alle getrennt. In diesen Familien wurden wir wie Dienstboten benutzt. Es gab überhaupt keine Liebe. Wir waren alle noch Kinder. Wir waren immer sehr traurig. Aber wir wollten auch in einer eigenen Familie leben.

Eine meiner Schwestern lebte in einem Waisenhaus. Die Idee, Kinder in Waisenhäusern leben zu lassen, wurde nicht unterstützt.

Die Regierung zog es vor, Kinder in Familien leben zu lassen. Meine Schwester wurde also von unserer Tante aufgenommen. Dort lebte sie unter denselben Bedingungen wie wir. Schlimmer noch: unsere Tante gab meine Schwester ihrem Ehemann, der sie ständig sexuell missbrauchte, obwohl sie noch ein Teenager war. Das ließ sie schwanger werden und infizierte sie mit HIV/AIDS.

Sie hatte keine andere Wahl, als bei ihnen zu bleiben. Sie hatte keinen Ort, wohin sie sonst hätte gehen können. Sie wurde ständig schlecht behandelt, weil meine Tante nicht wollte, dass sie bei ihnen blieb. Da sie keine eigenen Kinder haben konnte, wollte sie nur das Baby behalten und meine Schwester sollte weggehen.

Meine Schwester war sehr tief traumatisiert. Sie hasste alle und sie wollte nie mit irgendjemandem sprechen. Für sie waren alle Menschen böse. Der Ehemann unserer Tante, der sie geschwängert hatte, starb, als das Baby ein Jahr alt war. Auch wenn meine Schwester das Recht hatte, aufgrund des Babys in dem Haus zu bleiben, forderte die Familie des Mannes und unserer Tante sie auf, sofort zu gehen.

Die Ortsverwaltung forderte die Familie auf, ihr einen Platz zum Bleiben zu geben, denn sie kannte ihre Geschichte. Ihr wurde ein kleiner Raum im Anbau des Hauses gegeben, der als Toilette diente. Auch wenn es sogar für eine Person zu klein war, schlossen wir uns ihr an. Unnötig zu sagen, dass wir nicht alle dort schlafen konnten. Wir schienen dort zu leben, aber wenn es Nacht wurde, gingen wir, um heimlich in einer Kirche in der Nähe zu schlafen, die keine Türen hatte.

Schließlich erfuhren wir etwas über Solace Ministries. Wir waren froh, dass sie unserer Geschichte eifrig zuhörten. Sie kamen uns besuchen. Wir zeigten ihnen, wohin wir zum Schlafen gingen. Sie waren wirklich erschüttert. Dann, mit ihrer Fürsprache, begann das Leben sich zu verändern. Sie sorgten für uns und jetzt hatten wir Essen und Kleidung. Wie durch ein Wunder erhielten wir auch ein Haus, das für uns erworben wurde. Das gab uns unsere Würde als menschliche Wesen zurück und wir fühlten uns wieder wertvoll.

Durch Solace Ministries erfuhren wir, dass es Menschen gibt, die anders sind und die Liebe haben. Jetzt glaubten wir, dass wir Eltern haben, die sich um uns kümmern. Solace Ministries ermutigte uns alle, zurück in die Schule zu gehen und unterstützte uns alle mit den Schulgebühren und Materialien. Einige haben inzwischen die Universität abgeschlossen. Weil ich Vater und Mutter für meine Schwestern war, bin ich die Letzte, die ihre Ausbildung verfolgt. Jetzt arbeite ich an meinem Abschluss.

Unsere Schwester begann wieder zur Kirche zu gehen, obwohl sie an HIV/AIDS litt und das Kind ebenfalls infiziert war. Vorher hasste sie nicht nur alle Menschen, sondern auch Gott. Jetzt begann sie in der Kirche zu dienen. Nach einigen Jahren wurde sie sehr krank und wurde für 18 Monate in einem Krankenhaus aufgenommen. Während dieser Zeit war sie immer zuversichtlich im Herrn und sie pries ihn ständig. Ich gab alle anderen Dinge auf, die ich zu tun hatte, um im Krankenhaus an ihrer Seite zu bleiben. Schließlich starb sie, aber wie eine Heilige. Es war für uns alle ein Schock, aber sie starb glücklich und zuversichtlich. Ich bin davon überzeugt, dass sie bei ihrem Herrn ist.

Solace Ministries haben immer als Eltern für uns gehandelt. Das Kind meiner Schwester wird durch das Sponsorenprogramm bei der Ausbildung unterstützt. Ich bin froh, dass eine unserer Schwestern jetzt verheiratet ist und Solace half, die Hochzeit zu organisieren. Solace Ministries half, unsere Würde wiederherzustellen und wir dienen Gott eifrig in Seiner Kirche. Wir sind im Gebetsdienst und singen im Chor in unseren Gemeinden. Wir danken Gott und beten für das Florieren von Solace Ministries.

CLAUDIA

Ich wurde in Masango geboren, der früheren Präfektur Gitarama. Der Name meines Vaters war Simon und der meiner Mutter Espérance. Beide wurden 1994 getötet. Am 19. April sah ich wie Häuser brannten und überall Menschen herumrannten. Es war chaotisch. Einige der rennenden Menschen waren Nachbarn.

Meine Mutter schlug vor, dass wir nach Kabgayi fliehen sollten, einer römisch-katholischen Gemeinde. Wir begannen die lange Straße, etwa 40 km, nach Kabgayi zu gehen und verbrachten die Nacht in einem Wald in der Nähe von Biyimana, dreißig Kilometer entfernt. Leute schrien überall, dass kein Tutsi entkommen sollten. Meine Mutter schlug vor, nach Hause zurückzugehen, um getötet zu werden. Wir machten uns auf den Heimweg und trafen unterwegs den Ortsverwalter. Er sagte uns, wir sollten nach Hause gehen und dass wir nicht verletzt werden würden.

Am örtlichen Geschäftszentrum sahen wir viele frische Leichen. Sofort wurden uns all unsere Sachen ausgezogen und wir wurden vollkommen nackt zum Nyabarongo Fluss gebracht, um hinein geworfen zu werden. Wir trafen auf eine weitere Gruppe Menschen, einschließlich alter und junger Frauen und Männer, ebenso Kinder. Wir waren alle nackt.

Ich werde diesen langen Weg nie vergessen. Erwachsene wurden ununterbrochen geschlagen und ihr Fleisch war verletzt und blutete. Vielleicht sorgte die Scham des Nacktseins dafür, dass sie den Schmerz der Schläge nicht spürten. Die Mörder sangen: „Lasst sie uns auslöschen."

Zweiunddreißig von uns erreichten den Fluss. Ich bin die einzige Überlebende. Bevor sie in den Fluss geworfen wurden, wurden meine Mutter zusammen mit meinem 2 Jahre alten Bruder mit Macheten attackiert. Meinen Tanten, Verena und Candida, wurden die Arme abgehackt, so dass sie nicht schwimmen und entkommen konnten. Um sicher zu gehen, dass sie ertrinken würden, fixierten sie fünf Personen zusammen an einen Baumstamm, nachdem sie ihre Arme verstümmelt hatten. Dies wurde in Kabere getan, nahe Kilinda.

Ich erinnere mich an ein Mädchen, eine Klassenkameradin, die mir mit der einen nicht verstümmelten Hand zuwinkte, während sie ertrank. Sie sagte: „Bye, bye, Claudia, wir werden uns im Himmel treffen." Sie sah nicht, dass ich die Nächste war, die mit Macheten attackiert werden sollte. Schließlich sagte einer der Mörder: „Ich werde dieses Kind mitnehmen, sie kann meine Kühe hüten.

Ihr geht eurer Arbeit des Tötens nach und ich kann mit dem Mädchen gehen, weil ich keine Beute machen kann!" Er gab mir seine Jacke, weil ich nackt war. Ich verbrachte einen Monat bei ihm.

Einmal, während ich auf dem Feld die Kühe hütete, hörte ich die Leute sagen, dass die Inkotanyi jetzt in Muyunzwe waren. Ich floh in dieser Nacht und ging nach Muyunzwe. Die Inkotanyi brachten uns mit anderen Überlebenden in ein Lager.

Ich wurde von der FARG unterstützt, um zur Schule zu gehen. Aber es war in einem der Camps, die Solace Ministries organisiert hatte, dass ich spürte, dass ich noch ein menschliches Wesen bin. Ich war immer nur verzweifelt und unglücklich und wollte lieber sterben als leben. Jetzt habe ich eine Familie, Eltern, Brüder und Schwestern in Solace Ministries und sie unterstützten mich bei meiner Ausbildung."

MUKAMUVARA

Ich habe einen tiefsitzenden Kummer in meinem Herzen, den ich nicht erklären kann. Meine Eltern zogen mich groß und ich hatte eine normale Kindheit. Mir wurde verwehrt, weiter die Schule zu besuchen, obwohl ich eine gute Schülerin war, denn es gab ethnische Diskriminierung. Ich konnte nur die Grundschule beenden und dann eine Berufsschule für Schneidern und Kochen.

Ich traf einen jungen Mann und wir hatten 1993 unsere standesamtliche Trauung. Am 9.April 1994 hätte unsere kirchliche Trauung stattfinden sollen, aber am 7. April begann der Völkermord.

Alles war für die Hochzeit vorbereitet, deshalb kamen die Interahamwe als Erstes zu unserem Zuhause. Mein Bruder lebte in Kenia und Nachbarn erzählten herum, er würde Gewehre an die RPF verkaufen, aber das war eine Lüge. Dies wurde gesagt, damit es einen Grund gab, uns zu töten und unser Land zu stehlen.

Mein Vater watete die ganze Nacht durch einen Fluss und konnte sich mit einem Freund bis zum Kriegsende verstecken. Alle rannten wir in verschiedene Richtungen weg. Ich suchte Zuflucht bei unseren Freunden, aber sie jagten mich weg. Am Tag blieb ich im Gebüsch und in der Nacht lief ich weiter, aber ohne zu wissen wohin. Schließlich war ich meine Situation leid, denn ich hatte Hunger und der Regen durchnässte mich. Ich ging in ein Haus, ich suchte Zuflucht und das Paar nahm mich auf.

Eines Tages, als die Frau nicht zu Hause war, vergewaltigte mich ihr Ehemann. Danach konnte ich nicht länger dortbleiben und so ging ich weg.

Ich kann die Traurigkeit, die ich in meinem Herzen fühlte, nicht beschreiben, denn ich konnte nicht glauben, dass mir das passiert war. Ich bin gut erzogen worden und ich hatte nie etwas sexuell Unmoralisches getan. Ich versteckte mich im Gebüsch, bis der Völkermord vorüber war. Ich überlebte durch die Gnade Gottes.

Nach dem Völkermord erfuhr ich, dass mein Verlobter tot war. Ich hatte viele Fragen und überlegte, ob es nicht besser wäre zu sterben. Ich wurde sehr krank und nach einigen Untersuchungen fand ich heraus, dass ich AIDS hatte. Ich glaube nur an Gott und wenn ich mit meinem Gott rede, erinnere ich ihn daran, dass ich vergewaltigt wurde und mich immer gut benommen habe.

Seit ich zu Solace kam, bin ich getröstet worden. Ich habe jetzt eine Familie. Ich traf auf Menschen, die ähnliche Probleme haben. Ich bin gestärkt und habe Hoffnung auf ein ewiges Leben im Himmel. Ich habe keine Worte, die meine Dankbarkeit gegenüber Jesus Christus ausdrücken, der Solace ins Leben gerufen hat.

GASANA

Am 6. April 1994 hörten wir im Radio vom Tod des Präsidenten Habyarimana. Allen wurde befohlen, zu Hause zu bleiben. Wir hatten alle Angst. Am 7. April verbrannten Interahamwe und CDR-Unterstützer im Bezirk Mudasomwa die Häuser von Tutsi. Tutsi fingen an zu fliehen. Der Bürgermeister sagte den Bürgern, sie müssten keine Angst haben, da es Räuber wären, die die Häuser niederbrannten. Am 8. April verschlimmerte sich die Situation, weil wir hörten, dass in Kigali, Politiker, die das Regime nicht unterstützten, getötet wurden. Die Hutu Anführer benutzten Propa-

ganda, um Menschen davon zu überzeugen, alle Tutsi zu töten. Sie sagten, der Präsident sei von Ikotanyi getötet worden, darum müssten sie alle Tutsi töten. Leute aus Mudasomwa wurden entweder getötet oder flüchteten zu der katholischen Kirche in Gikongoro. Sogar der Bürgermeister von Nyamagabe setzte sich für die Auslöschung aller Tutsi in seiner Gemeinde ein.

Wir baten unsere Nachbarn auf unser Land aufzupassen, weil sie als Hutu nicht bedroht waren. Wir dachten, die Probleme wären nur von kurzer Dauer und wir würden auf unser Land zurückkehren. Es gab viele Geflüchtete mit uns in der Kirche. Der Bischof und der Priester schickten uns in das Lager von Murambi. Wir dachten, die Regierung würde uns beschützen. Das war eine Illusion. Als wir das Lager erreicht hatten, litten wir so sehr, dass wir sterben wollten. Wir wollten durch Kugeln getötet werden anstatt von Macheten oder Knüppeln.

Am 18. April wurde die Situation schlimmer und wir waren sehr besorgt, weil die Flüchtlinge aus Kigeme sich uns in Murambi anschlossen. Die Wasserversorgung war von den Interahamwe abgestellt worden. Alle waren so hungrig und durstig, dass einige versuchten zu fliehen. Sie wurden von den Interahamwe gefangen und getötet. Die Interahamwe kamen auch in der Nacht und holten Männer, junge und alte, um sie zu töten.

Der Chef der Gendarmerie sagte uns, wir sollten keine Angst haben, weil uns nichts passieren würde. Es war eine Lüge. Er wollte nur, dass wir dortbleiben, so dass keiner entkommen würde.

Wir wussten, dass wir jeden Moment sterben konnten. Wir waren durstig, hungrig, verzweifelt und hatten furchtbare Angst. Wir wussten,·dass wir keine Waffen hatten, um uns zu verteidigen, wenn sie uns angreifen würden.

Das Einzige, was wir tun konnten, war Steine zu sammeln, um uns zu schützen. Wachen umringten uns und ich schlich nah an Einige heran, um zu hören, was sie sagten. Ich konnte es nicht verstehen, also ging ich, um meinen Vater zu fragen, was es bedeutet. Es war ein Sprichwort, das besagt, ,Wenn du trockenes Gras verbrennen willst, bring es zusammen.' Mein Vater sagte mir, dass wir sterben würden und dass es nichts gab, was wir tun konnten.

Zwei Tage später begannen die Kämpfe. Ich weiß nicht, wo ich anfangen soll, um zu beschreiben, was ich in Murambi gesehen habe. Es übersteigt das Fassungsvermögen. Wir konnten nicht schlafen. Wir hatten Steine. Männer hielten ständig Wache, weil sie dachten, sie würden gegen die Mörder kämpfen. Am Morgen des 21. April, einem Mittwoch, wurde Murambi angegriffen. Ich schlief zu der Zeit und träumte, ich flüchtete vor Kugeln. Die Schreie der Menschen, die bei mir waren, weckten mich auf. Mein Vater sagte mir, ich solle helfen Steine zu den Männern zu tragen, die gegen die Mörder kämpften. Dieser Kampf dauerte drei Stunden und es schien, als ob die Interahamwe geschlagen worden seien bis andere Interahamwe und Polizei mit Gewehren kamen. Sie warfen Granaten und mein Vater sagte mir, ich solle gehen und mich bei anderen Menschen oben im Gebäude verstecken, obwohl ich dorthin gehen wollte, wo sich meine Mutter und Geschwister versteckten. Die Mörder kamen herein und sagten, wir sollten hinausgehen. Sie holten ihre Granaten heraus und alle die zu fliehen versuchten, wurden mit Macheten attackiert. Nachdem die Granaten geworfen worden waren, wurde ich ohnmächtig und die Körper der vielen sterbenden Menschen bedeckten mich.

Es waren Interahamwe Frauen, die kamen um Dinge von den toten Körpern zu stehlen. Ich sah wie Interahamwe Schwerter durch Babys stießen.

*Kurze Zeit danach hörte ich Leute aus dem Nebenzimmer schrei-
en: „Jedermann für sich selbst!" Ich hatte mich unter toten Körpern and anderen, deren Gliedmaßen abgeschnitten waren, versteckt. Ich gelangte nach draußen und rannte mit einigen anderen
weg. Die Interahamwe trugen Bananenblätter, um uns von ihnen
zu unterscheiden. Wir zogen auch Bananenblätter an, damit die
Mörder denken würden, wir gehörten zu ihnen.*

*Wir rannten am Lager Murambi vorbei und weiter Richtung Nyan-
za. Wir sangen: „GP[57] wir kommen…" Die Interahamwe kamen mit
uns, da sie dachten, wir gehörten zu ihnen. Sie fingen an misstrau-
isch zu werden, als sie merkten, dass keiner sie ansprach und wir
so schnell rannten. Als wir Rukondo erreichten, fingen sie an diejenigen von uns, die ermüdet waren, zu töten. Wir kletterten einen
Hügel hinauf, aber viele waren zu erschöpft und wurden von den
Mördern erwischt. Ich war in der Lage weiterzulaufen, zusammen
mit etwa zwanzig anderen Personen. Als wir oben angekommen
waren, schossen sie mit Pfeilen auf uns, darum kehrten wir um
und rannten zum Mwogo Fluss. Ich wollte sterben. Ich dachte, ich
würde ertrinken, aber plötzlich konnte ich schwimmen. Ich über-
querte den Fluss und erreichte den Bezirk Rusatira.*

*Das Töten hatte Butare noch nicht erreicht, so dass uns die Leute
dort sagten, wir sollten nach Gikongoro zurückgehen. Die Interahamwe von Gikongoro wollten uns auch töten. Wir setzten uns
hin und warteten auf den Tod. Wir waren noch acht. Die anderen
waren entweder im Fluss Mwogo ertrunken oder getötet worden,
als sie den Hügel hinabliefen. Zwei Interahamwe waren auch über
den Fluss gekommen. Sie schnappten zwei Kinder und hackten sie
mit einer Machete in Stücke.*

---

[57]   Guarde présdentielle, d.h. Präsidentengarde

Wir zerstreuten uns wieder und Leute aus Rusatira nahmen uns mit, weil sie gesehen hatten, was die Interahamwe getan hatten. Sie brachten uns zum Bürgermeister des Bezirks. Der Bürgermeister befand sich in einem Treffen mit anderen Personen. Der Bürgermeister sagte: „Leute von Rusatira, ihr wisst, was die Inkotanyi getan haben. Ihr wisst, was jetzt eure Pflicht ist und ihr kennt auch eure Feinde." Das Treffen endete und wir wurden gefangen genommen.

Wir verbrachten drei Tage im Gefängnis, ohne etwas zu essen, zu trinken, oder nach draußen zu gehen. Wie ich schon sagte, kamen wir am 21. April von Murambi und erreichten am selben Tag Rusatira. Der Bürgermeister sagte uns, dass er uns eingesperrt hätte und dass wir gehen könnten, wann immer er wollte. Wir waren etwa sechs, wir waren hungrig und durstig uns es gab kein Licht an diesem Ort. Die Zelle stank fürchterlich, weil wir den Fußboden als Toilette benutzen mussten. Wir wollten sterben, aber konnten es nicht.

Wir fragten uns, warum wir geboren worden waren. Ich dachte, dass ich nicht in dieser Situation wäre, wenn ich im Mutterleib gestorben wäre. Wir baten den Wachmann uns zu töten, aber er weigerte sich. Nach drei Tagen kam der Bürgermeister zu uns und fragte uns nach unseren Personalausweisen, aber wir hatten keine. Er ließ uns gehen und sagte, wir würden von anderen getötet werden.

Gott war weiterhin mit mir und bewahrte mich. Ich war zusammen mit dem Schwager meines Onkels in der Zelle und er sagte mir, dass er einen Ort kennt, an dem wir sicher wären. Das wäre bei seinem Schwager, einem Hutu. Wir gingen nach Kabona, das auch noch in Rusatira lag.

Wir erreichten den Ort und sie gaben uns zu essen, aber wir erbrachen, weil wir seit vielen Tagen nichts mehr im Magen gehabt hatten.

Wir verbrachten eine Woche dort, aber es gab Gerüchte über Inkotanyi, die sich im Haus verstecken und wir waren die Inkotanyi. Unser Beschützer sagte uns, er würde uns nach Ntyazo begleiten, von wo aus wir nach Burundi gehen könnten. Ich weigerte mich und fragte ihn, ob ich nicht seine Kühe hüten könnte, so dass er sagen könnte, ich wäre ein Hirte und ein Hutu, wenn er gefragt würde. Er akzeptierte. In der Nacht begleitete er meinen Onkel und ich habe von ihm seitdem nichts mehr gehört. Die Lage wurde schwierig, denn sie wussten, wer ich tatsächlich war.

Ich versteckte mich im Gebüsch und in einem Sorghum Feld und meine Nahrung war Kassava vom Feld. Das Flüchtlingslager in Songa, in der Nähe von Rusatira, wurde angegriffen und die Mörder kamen, um ihre Zielpersonen in den Tälern zu jagen. Ich dachte, sie würden mich finden und ich verließ diesen Platz und kehrte zu meinem Beschützer zurück. Der Mann sagte mir, dass seine Frau und seine Kinder getötet werden könnten und riet mir nach Gikongoro zurückzugehen, wo ich Freunde meiner Eltern finden würde, die mir helfen konnten. Er begleitete mich bis Kinkanga und zeigte mir den Weg nach Gikongoro. Er sagte: „Wenn du jemandem begegnest, sag ihnen, dass du bei Tutsi angestellt warst, sie aber getötet worden wären und du deshalb nach Hause zurückkehren würdest."

Unterwegs passierte ich viele Straßensperren. Ich traf auf einige Leute, die mich durchließen, andere waren nicht an ihrem Platz, weil es regnete. Der Regen rettete mich am Häufigsten.

Einmal traf ich auf eine Gruppe Interahamwe und sie fragten mich nach Geld, aber ich hatte keins. Sie schlugen mich mit einem Knüppel auf meine Schultern.

Sie wollten mich gerade töten und ich hatte sogar schon mein eigenes Grab geschaufelt, als sie hörten, dass irgendwo eine Kuh geschlachtet wurde. Da verließen sie mich. Das war meine Chance zu fliehen, und ich setzte meinen Weg nach Gikongoro fort.

Ich war mir weder der Stunde noch des Datums bewusst, aber ich wusste, dass die RPF Kigali eingenommen hatten. Ich hatte den Punkt zwischen Butare und Gikongoro noch nicht erreicht, aber ich war bereits müde, möglicherweise vor Hunger. Es war gegen 6 Uhr abends.[58] Ich fand ein Versteck und verbrachte die Nacht dort. Ich wachte am Morgen auf und setzte meinen Weg fort. Ich traf Menschen, die mich anstarrten und sagten: „Wer ist dieser Junge? Lasst uns ihn nach seinem Ausweis fragen." Andere sagten: „Lasst uns ihn in Ruhe lassen. Er kann die beiden Straßensperren vor ihm nicht passieren." Ich hatte Glück, als ich auf Menschen stieß, die Dachpfannen trugen, die sie gestohlen hatten. Ich schlug vor, ihnen dabei zu helfen, einige zu tragen. Sie akzeptierten und wir gingen gemeinsam. Das half mir durch die beiden Straßensperren. Danach trennten wir uns, weil sie einen anderen Weg nehmen mussten.

Ich traf auf einen Twa (Pygmäen), der mich zum Stadtrat des Distrikts bringen wollte. Ich akzeptierte, weil ich dachte, ich wäre sicher. Wir kamen in einen Ortskern. Er ließ mich allein, um Leute zu holen, die mich töten würden.

---

[58]   Die Zeit, wenn es dunkel wird (Anmerkung der Übersetzerin)

Ein Mann kam und sagte mir, ich solle fliehen, weil ich getötet werden würde. Ich war noch keine drei Schritte gegangen, als ein anderer hinter mir her schrie, dass ich ihm eintausend Francs gestohlen hätte.

Er nahm mir meinen Pullover und meinen Gürtel, der meine Hose zusammenhalten musste, weil ich vom Hunger so abgemagert war. Er brachte mich nahe an die Straße und ließ mich dort bei einigen Kindern, die mich bewachten. Ich konnte ihnen entkommen und weglaufen. Ich hörte sie schreien, dass ein Inkotanyi entkommt. Sie rannten hinter mir her und die Menschen, die vor mir waren, fingen mich. Ein Mann unter ihnen kam hervor und sagte, er würde mich kennen. Er sagte, ich wäre ein Hutu, und so ließen sie mich gehen. Gott war wieder mit mir.

Wenn es Nacht wurde, versteckte ich mich im Gebüsch. Ich war müde und hungrig. Am Morgen setzte ich meinen Weg fort und ich traf einen Jungen, der mir sagte, wenn ich keinen Ausweis hätte, würde ich getötet werden, denn es gab eine große Straßensperre auf dem weiteren Weg. Ich ignorierte ihn und ging weiter. Es stimmte, es gab wirklich eine Straßensperre und die Mörder sagten, „Willkommen", in sarkastischem Tonfall. Sie fragten mich, was meine Heimatregion wäre. Ich sagte es ihnen. „Was ist deine ethnische Zugehörigkeit?" Ich antwortete ihnen, dass ich Hutu wäre. Sie sagten, es gäbe eine Frau, deren Heimatregion dieselbe wie meine ist und sie sagten, wenn sie sagen würde, ich wäre ein Hutu wäre ich gerettet. Glücklicherweise war meine Mutter ihre Patentante. Sie sagte, sie würde mich kennen und ich sei ein Hutu. Ich ging mit ihr und sie sagte, dass ich ihrem Mann gegenüber über meinen Namen lügen sollte, da er mich sofort töten würde, falls er mich erkennt.

Am Morgen ging ich in Richtung Gikongoro und ich traf auf niemanden, der mich nach meinem Ausweis fragen konnte. Ich kam zum Haus meiner Tante. Der Ehemann meiner Tante war ein Hutu und sie versteckten mich. Leute fanden heraus, dass ich mich dort versteckte. Ein Mann, ein Freund meines Vaters, schlug vor, mich zu verstecken und ich blieb in seinem Zuhause bis die französischen Soldaten kamen. Ich beschloss in die RPF-Zone zu gehen, denn ich war in der Zone-Turquoise. [59] Ich wurde in das Waisenhaus von Save gebracht und dann zog ich um nach Karubanda in ein anderes Waisenhaus.

Im März 1995 ging ich zurück nach Gikongoro und setzte die Grundschule fort. Ich machte das nationale Abschlussexamen und bestand es, so machte ich mit der Sekundarschule weiter.

Ich bin eine Waise und ich habe niemanden, dem ich meine Probleme erzählen kann. Ich habe keinen Job, der mir helfen könnte zu überleben und ich hatte keine Chance, zur Universität zu gehen. Ich konnte mit niemandem über meine Probleme reden, aber Gott half mir Solace Ministries zu finden. Ich bin getröstet worden und fühle mich nicht einsam, weil dort viele sind, die ähnliche Probleme haben. Gott sieht uns und hat gute Pläne für uns. Wahrlich, Gott wollte, dass ich lebe und ein Ziel im Leben habe, denn Gott hat mich nicht umsonst gerettet, sondern um auch Menschen zu helfen, die gelitten haben.[60]

---

[59] Die von den Franzosen kontrollierte, (sogenannte) „Sichere Zone" im Südwesten von Rwanda

[60] Solace übernahm Verantwortung für ihn und seine Schwester. Es wurde ihnen ermöglicht, ihre Ausbildung fortzusetzen und beide haben jetzt ihren Abschluss.

MUKAMURENZI

Ich wurde 1969 in Gikoro geboren. Mein Vater arbeitete in Kigali. Meine Mutter starb, als ich noch klein war. Als der Völkermord begann, war mein Vater in Kigali. Er kam zu Fuß nach Hause. Das Auto hatte er in Kigali gelassen. Er sagte uns, dass die Tutsi erbarmungslos getötet würden.

Nach fünf Tagen, begann das Morden in Gikoro. Es gab viel Lärm. Die Interahamwe brannten Häuser nieder, aßen Kühe und töteten Menschen. Als Erstes töteten sie meinen Bruder mit seiner Frau und hängten sie verkehrt herum an einen Baum. Dann brachten die Mörder uns zu einer tiefen Grube und warfen uns hinein, nachdem sie uns mit Macheten attackiert hatten. Aus meiner Familie bin ich als Einzige übrig. Sie vergewaltigten mich, bevor sie mich in die Grube warfen. Das war so beschämend und schmerzhaft, dass ich sterben wollte. Ich war fünfundzwanzig Jahre alt und dachte, mein Leben wäre ohne Wert. Wenn ich mich an diese schreckliche Zeit erinnere, zittere ich sehr. Nachdem sie ihre widerlichen Taten begangen hatten, warfen sie mich zu den toten Körpern in dem tiefen Loch. Jemand atmete noch wie ich und, nachdem die Mörder weg waren, versuchten wir herauszukommen, aber wir konnten es nicht. Am dritten Tag gelang es mir herauszukommen, aber die andere Person versagte und starb. Ich danke Gott, wenn ich mich an diese Zeit erinnere. Die RPF waren in der Nähe und sie nahmen mich mit, zusammen mit vielen anderen, die sie aus dem Gebüsch oder unter toten Körpern hervorgeholt hatten.

Später bekam ich Schmerzen in meinem Bauch und ich hatte immerzu Kopfschmerzen. Ich ließ mich untersuchen und erfuhr, dass ich AIDS hatte. Ich akzeptierte es, weil ich auf Gott hoffte.

Ich war einsam, aber als ich zu Solace Ministries kam, traf ich andere Menschen mit ähnlichen Problemen. Ich fand auch Freunde, Eltern, Brüder und Schwestern, die Mitleid mit mir hatten. Ich konnte niemandem erzählen, was ich erlebt hatte und hatte Traurigkeit in meinem Herzen. Solace Ministries setzte mein Herz frei.

EMERENCE

Ich wurde 1984 in Kibungo geboren. Ich war das Neunte der zehn Kinder in meiner Familie. 1994 begann der Völkermord. In meiner Heimatregion startete das Töten am 11. April. Es gab eine Menge Lärm und Geschrei, so dass wir beschlossen zu fliehen. Wir flohen zu den Distriktbüros, so wie es uns befohlen worden war. Unser Haus war bereits zerstört. Wir verbrachten drei Tage ohne Essen und Trinken. Die Interahamwe hatten die Kontrolle über uns. Sie verschlossen den Wasserhahn, damit wir vom Durst sterben würden. Wenn jemand versuchte zu gehen und nach Essbarem zu suchen, töteten die Interahamwe ihn sofort.

Am dritten Tag, um 4:30 Uhr, kamen zwei Lastwagen voll von Interahamwe und Soldaten, die Granaten und Gewehre hatten, und das Massaker begann. Einige unserer Männer fingen an sich zu verteidigen, indem sie Steine benutzten, aber weil wir gegen Gewehre und Granaten kämpften, war es offensichtlich, dass wir verloren.

Viele wurden getötet, einschließlich meines Vaters, dreier Brüder, zweier Cousins und eines Onkels. Kinder und Mütter lagen auf dem Boden, um sich vor den Granatenexplosionen zu schützen, aber die Interahamwe fingen an, uns mit Macheten zu töten, während wir in dieser Position waren.

Wir waren sehr viele, und ihnen gingen die Kugeln aus, und so gingen sie zurück nach Hause. Ich war unter den Überlebenden und wir beschlossen, in den Bezirk Murambi zu fliehen, aber um dorthin zu gelangen mussten wir den Muhazi Fluss überqueren. Unglücklicher-weise fanden wir das Boot meines Vaters zerstört vor, das wir benutzen wollten. Wir setzten uns hin, weil wir nichts anderes tun konnten, denn der Tod war überall. Einige meiner Begleiter schwammen, andere begingen Selbstmord durch Ertrinken im Fluss. Als ich die Schreie der Interahamwe hörte, rannten mein Cousin und ich weg, denn wir kannten unsere Heimatregion gut. Es war leicht, ein Versteck zu finden. Interahamwe in Booten folgten denen, die schwammen. Die Interahamwe töteten viele Menschen im See indem sie Macheten benutzten. Der Fluss wurde zu einem Strom aus Blut. Es war furchtbar. Ich sah viele Menschen, die getötet wurden.

Wir erreichten ein Haus und baten sie, uns zu verstecken. Sie hatten Angst, denn die Frau des Hauses war auch eine Tutsi und ihr Haus war ein Angriffsziel. Wir kehrten um und verbrachten drei Tage im Gebüsch. Die Frau kam, um nach uns zu sehen und brachte uns zu ihrer Nachbarin, die eine Christin war. Wir versteckten uns dort und einige Zeit später kamen die Mörder, um nach uns zu suchen.

Wir wussten, dass das bald passieren würde, und versteckten uns in einem Feld in der Nähe des Hauses.

Nach einer Weile kam die Christin, um uns zu sagen, dass meine Mutter soeben mit einer Axt getötet worden war. Meine jüngere Schwester war bei ihr, aber sie war nicht tot, nur am Kopf verletzt und ohne Bewusstsein. Sie begruben meine Mutter und ließen meine Schwester neben dem Grab, weil sie noch nicht tot war. Sie war vier Jahre alt und verbrachte drei Tage dort. Der Wind weckte sie auf und sie ging, um Schutz bei den Nachbarn zu suchen. Sie weigerten sich. Sie kam zu einem Haus, deren Besitzer mit den Menschen verwandt waren, die uns versteckten. Sie sandten eine Nachricht, dass ich zu ihrem Haus kommen solle. Es tat mir so weh, als ich meine Schwester fand. Sie musste husten und spuckte Blut; sie konnte nichts essen oder sprechen. Auch wenn sie nicht sprechen konnte, erkannte sie mich. Ich weinte viel in jener Zeit. Wir hörten Neuigkeiten von unseren Familienmitgliedern, die getötet worden waren. Die Menschen, die uns versteckten, waren Adventisten, und sie kümmerten sich gut um meine Schwester. Aber sie konnten nicht glauben, dass es mit ihr besser werden und sie überleben würde.

Die Mörder fingen an, Häuser zu kontrollieren auf der Suche nach Menschen zum Töten. Wir waren im Gebüsch in der Nähe des Hauses versteckt von morgens 5 Uhr bis abends 8 Uhr. Die Nacht über waren wir im Haus. Wir lebten unter diesen Bedingungen bis Juni. Der Krieg zwischen der RPF und den Interahamwe war auf dem Vormarsch. Unsere Beschützer flohen und ließen uns im Gebüsch zurück.

Der Regen durchnässte uns, wir waren hungrig und meine Schwester weinte viel. Ich wollte sterben und beschloss, mich im Muhazi See umzubringen. Ich ließ meine Schwester allein und ging zum Fluss. Der Tod wollte mich nicht und ich blieb am Leben.

Ich ging zurück zu dem Gebüsch, wo ich meine Schwester zurückgelassen hatte.

Die Anführer der Interahamwe an unserem Ort, deren Namen ich kenne, sind diejenigen, die die Zerstörung unseres Hauses und das Töten der Menschen in unserer Heimatregion angeordnet haben. Sie waren in der Region sehr gefürchtet. Sie wurden Im Krieg mit der RPF getötet. Als unsere Beschützer das erfuhren, kamen sie zurück und nahmen uns mit in ihr Haus. Wir blieben bis zum Ende des Krieges dort.

Unser Bruder, der in Butare wohnte, überlebte ebenfalls. Er kam, um nachzusehen, ob es zu Hause Überlebende gab. Das war 1995. Wir gingen mit nach Kigali um mit ihm zu leben. Bis 1997 ging ich nicht zurück in die Schule, weil ich mich um meine kleine Schwester kümmerte, die zu traumatisiert war, um zu sprechen. 1999 war ich in der Sekundarschule. Als ich kurz davor war, die Sekundarschule abzuschließen, wurde ich krank von meinem Trauma. Ich hatte Herzprobleme und hörte auf zu lernen. Während dieser Zeit ging ich zu Fuß von Kigali nach Muhazi in unserer Heimatregion. Mein Bruder wusste nicht, wohin ich gegangen war und es war, als wäre ich verrückt geworden. Sie suchten mich, fanden mich und brachten mich in das Haus meines Cousins bis ich gesund war.

Nachdem es mir besser ging, kam ich zurück ins Haus meines Bruders. Seine Frau war gerade gestorben und er erkrankte nur wenige Monate später. Er konnte 2001 nicht mehr zur Arbeit gehen. Wir hatten kein Geld, um die Miete zu zahlen. Der Eigentümer jagte uns fort und verschloss unser Haus mit all unseren Sachen darin.

Wir fragten eine alte Frau, die eine Nachbarin war, ob wir einige Tage bei ihr bleiben konnten, bis wir einen anderen Ort zum Leben gefunden hätten. Sie akzeptierte, aber mein Bruder ging an einen anderen Ort. Schließlich öffnete der Eigentümer das Haus und wir konnten unsere Sachen holen, aber Einiges mussten wir verkaufen, um unsere Schulden zu bezahlen und Medizin für meinen Bruder zu kaufen. Mein Bruder ließ sich testen und erfuhr, dass er AIDS hatte.

Wir sparten etwas Geld, um ein Haus zu mieten. Ich hörte auf zur Schule zu gehen, um mich um meinen Bruder zu kümmern. Es war sehr schwer, weil er nicht klar denken konnte. Die Ärzte sagten mir, dass dies AIDS-Kranken passieren kann.

Es war zu viel für mich, über meine Probleme nachzudenken. Ich bekam Herzprobleme, aber ich bekam Medikamente und fühlte mich ein wenig besser. Ich hatte keine Zeit in die Kirche zu gehen. Ich musste ständig bei meinem Bruder sein, um auf ihn aufzupassen, weil er oft Schaden anrichtete. Ich muss ihn therapieren sonst muss er mehrere Monate im Krankenhaus verbringen. Was für eine Krankheit! All dieses sollte ein Mädchen wie ich nicht tun müssen. Manchmal haben wir nichts zu essen. Ein Nachbar hat Mitleid mit uns und gibt uns Nahrungsmittel zum Kochen. Wir sind vier Personen zu Hause. Meine Schwester und meine Nichte sind in der Schule.

Eine Freundin von mir kam, um mir von Solace Ministries zu erzählen, dass ich von ihnen Hilfe bekommen könnte. Als ich zu Solace kam, wurden meine Probleme zu ihren und sie sorgten wirklich für mich.

Solace erwarb ein Haus für uns und unterstützte meine Schwester für den Schulbesuch. Mit Solace fing ich an, mich normal zu fühlen.

UMURAZA

Mein Name ist Umuraza. Ich wurde 1981 in Kamonyi geboren. Der Völkermord begann, als ich 13 Jahre alt war. Es gab sechs Kinder in meiner Familie. Ich war die Älteste. Mein Vater und meine Mutter wurden im Völkermord getötet. Mein 5 Jahre alter Bruder und meine 7 Jahre alte Schwester wurden auch getötet.

Meine Mutter war im Endstadium einer Schwangerschaft, als sie sich im Gebüsch versteckte. Dort gebar sie das Baby, aber sie wurden beide getötet, als sie versuchten nach Kabgayi zu fliehen.

Ich sah, wie mein Vater getötet wurde. Er war der Erste, der in unserer Gegend getötet wurde, am 18. April. Wir waren beide zu Hause. Meine Mutter war mit den anderen Kindern ins Gebüsch gegangen, um sich zu verstecken. Als ich den Mob herankommen sah, sagte ich meinem Vater, dass etwa 8 Personen auf uns zukommen mit Macheten, Knüppeln und Speeren. Wir rannten um unser Leben. Einer von ihnen folgte mir, aber die anderen Mörder sagten ihm, er solle stattdessen helfen, meinen Vater vollends zu erledigen. Ich war müde vom Laufen und schaute zurück. Ich sah, wie sie meinen Vater mit Macheten zu Tode hackten.

Ich rannte weiter und kam zu meiner Großmutter. Von dort gingen meine jüngere Schwester und ich weiter, um bei der Schwester meiner Großmutter zu bleiben, die mit einem Hutu verheiratet war. Aber nach einer Woche warfen sie uns aus ihrem Haus, denn sie sagten, sie hätten nichts mit Tutsi gemein. Ihre Söhne waren Interahamwe und wollten uns töten. Als Erstes versteckten wir uns in einer Sorghum Pflanzung, aber einige Kinder sahen uns und beschimpften uns mit Ausdrücken wie Inyenzi. Dann wurde meine Großmutter aus dem Haus geholt, in dem wir uns versteckt hatten, und getötet. Da blieben nur noch meine jüngere Schwester und ich übrig. Wir kamen aus der Sorghum Pflanzung heraus und ein junges Mädchen fing an zu schreien: „Inyenzi, Inyenzi". Sie sagte, wir sollten ihr Geld geben, wenn wir von einer Kugel anstatt von Macheten getötet werden wollten und sie würde die Mörder holen. Wir sagten ihr, dass wir kein Geld hätten. Sie sagte, sie und die anderen Kinder würden uns stattdessen zum Taba (Kommunalbüro) bringen, um getötet zu werden. Diese Kinder waren nicht älter als 12 Jahre alt.

Unterwegs kamen wir an eine Straßensperre mit sechs Interahamwe. Ich sagte ihnen, dass ich keine Tutsi sei, sondern eine Hutu. Sie glaubten mir nicht. Stattdessen hoben sie mir mein Kleid hoch, um zu sehen, ob ich Brüste entwickelt hätte. Sie sagten, sie wollten mich vergewaltigen und dass kein Mädchen für ihre sexuellen Bedürfnisse zu jung sei. Aber ein älterer Mann kam vorbei und stoppte sie.

Nachts schliefen wir im Gebüsch. Als wir beim Taba angekommen waren, sahen wir Menschen, die mit Macheten nahe an einem Massengrab attackiert wurden. Einige wurden hineingeworfen, während sie noch am Leben waren.

Ich kann mich nicht mehr erinnern, wann genau das war, weil ich zu der Zeit sehr verwirrt war. Es fühlte sich an, als würde ich meinen Verstand verlieren.

Wir rannten weg und kamen zum Vertriebenenlager Nkoto in Runda. In den Lagern gab es unterschiedliche Menschen, einschließlich vieler Interahamwe. Ein Hutu Freund meines Vaters erkannte uns. Er war ein guter Mann und hatte viele Tutsi versteckt. Sie hatten sich unweit seines Hauses im Gebüsch versteckt und er hatte ihnen in der Nacht Essen gebracht. Wir blieben zwei Tage in seinem Haus. Die Menschen, die er im Busch versteckt hatte, wurden letztendlich von den Interahamwe entdeckt. Alle acht wurden getötet. Als wir uns in seinem Haus aufhielten, waren wir auch in Gefahr, also brachte er uns in eine Grube, die zur Reifung von Bananenstauden benutzt wurde. Wir blieben für fast zwei Monate in dieser Grube. Nur sehr spät in der Nacht gingen wir in sein Haus, um etwas zu essen. Wir kamen an dem Tag aus unserem Versteck, als die RPF die Region befreit hatte. Selbst danach, kümmerte sich der Mann, der uns versteckt hatte, noch eine Weile um uns.

Zwei Wochen später wollte ich nachsehen, was von meiner Familie und meinem Zuhause übrig war. Ich konnte keine Überlebenden finden. Die Schwester meiner Großmutter und ihr Mann nahmen uns auf, aber wir wurden ausgebeutet wie Diener. Sie fingen an, sich das Land meines Vaters anzueignen.

Eine Tante von mir fand heraus, dass ich überlebt hatte. Sie war eine Witwe, die ein Kind verloren hatte. Ein anderes ihrer Kinder, erst 4 Jahre alt zur Zeit des Völkermordes, wurde nach 7 Monaten lebend gefunden. Zwei meiner Schwestern schlossen sich uns an.

Phoebe, die zur Zeit des Völkermordes etwa 4 Jahre alt war, hatte einen Ex-FAR Soldaten getroffen und gesagt: „Papa, kannst du mich mitnehmen?" Sie wurde nach Zaire mitgenommen und kam erst 1998 zurück. Dorcas, die damals 2 Jahre alt war, wurde von unserem Hausmädchen in Sicherheit gebracht und blieb bis Dezember 1994 bei ihr. Meine Tante sorgte für uns alle und nahm sogar noch andere Waisen auf. Schließlich waren wir insgesamt elf.

Irgendwann heiratete meine Tante einen Witwer. Sie war während des Völkermordes vergewaltigt worden, aber sie wusste nicht, dass sie mit HIV infiziert worden war. Durch ihre Heirat steckte sie ihren Ehemann an. Jetzt sind beide tot. Meine Tante starb im Dezember 2003. Ich bin die Älteste von all den Kindern, darum muss ich die Rolle von beiden, Mutter und Vater übernehmen. Ich muss mich um sie kümmern, Essen finden und sie zur Schule schicken. Das drängendste Problem, dem ich jetzt gegenüberstehe, ist unsere Unterbringung.[61]

Ich schlafe nicht gut. Wenn ich zur Schule gehe, bin ich abgelenkt. Ich komme nicht klar. Wenn ich daran denke, wie mein Vater starb und wie meine Tante starb, ist mein Kummer noch größer.

Darüber hinaus ist die Tochter meiner Tante jetzt 7 Jahre alt und sie ist HIV-positiv und die meiste Zeit krank. Es ist zu schwer für mich, mich um sie zu kümmern, wenn da noch 10 weitere Kinder sind, die auch meine Aufmerksamkeit brauchen.

---

[61] Eine kurze Zeit danach erhielt Solace Ministries eine Spende und kaufte ein Haus für diese Familie von Kindern und den Kindern wurde ermöglicht zur Schule zu gehen. Einige von ihnen, einschließlich Umuraza, haben bereits ihren Abschluss gemacht und Arbeit gefunden.

Ich fühle mich sehr allein. Die Last der Verantwortung ist zu schwer für mich. Ich fühle mich auch von allem angewidert.

Nichts macht mich glücklich. Ich sehe viele Menschen um mich herum und auch wenn ich mit den Kindern zusammen bin, fühle ich mich allein. Mein anderes Problem ist, dass der Vermieter des Hauses, in dem wir leben, uns häufig damit droht uns rauszuwerfen, weil wir die Miete nicht bezahlen können.

Aber seit ich angefangen habe zu Solace Ministries zu kommen, habe ich zum ersten Mal Menschen getroffen, die an mir interessiert sind und bereit sind mir zuzuhören.

Gott segne euch!

EICHEN DER GERECHTIGKEIT

Jedes dieser mit uns geteilten Zeugnisse steht für einen Moment des Dankes gegenüber Gott für das Überleben und für Seine Fürsorge in den vielen Leiden vor, während und nach dem Völkermord. Für Viele ist das Überleben ein Wunder: Nicht nur dem Tod entkommen zu sein, sondern auch wie der Herr sie am Leben erhält, ungeachtet ihrer unterschiedlichen Probleme. Junge Menschen, die 1994 entweder noch Babys oder kleine Kinder waren, sind erstaunt, dass sie jetzt erwachsen geworden sind und allein durch die Gnade Gottes leben.

Kinder und junge Waisen, die Verantwortung für Familien hatten, können nicht erklären, wie sie das bewältigen konnten. Witwen, die sich um Waisenkinder kümmerten, können sich nicht erklären, wie sie mit sehr geringen Mitteln in der Lage waren, diese zu ernähren und auch in die Schule zu schicken.

Es gab eine Aussage, die sehr häufig in der Seelsorge auftauchte. Es war die Aussage vieler Überlebender, die ohne bekannte Angehörige zurückgeblieben waren: „Ich bin allein gelassen, wie ein Baum in der Wüste", was bedeutet, dass sie einsam waren. Um uns zu zeigen welche Art von Bäumen gemeint sein könnten, führte uns der Heilige Geist zu dem Wort in Jesaja 61,3:

> *„Sie werden genannt werden Bäume[62] der Gerechtigkeit, eine ‚Pflanzung des Herrn' zu seinem Ruhm".[63]*

---

[62] Wörtlich: „Terebinthen", in der englischen Bibel „oak trees" (Eichen). Anmerkg. der Übersetzerin

Wir begriffen, dass Überleben kein Zufall war. Es war tatsächlich Gottes Plan für jeden Überlebenden. Jede Einzelne war ein Baum, den der Herr zu einem Zweck pflanzte, Gott zu verherrlichen und andere zu ermutigen, ihn zu verherrlichen, und so ein lebendes Zeugnis zu sein für die wundervollen Werke des Herrn.

SOLI DEO GLORIA

---

[63] Die Botschaft war so eindrücklich und prophetisch, dass wir uns dazu entschlossen, die Solace Konferenzhallen in Kigali und Mugina OAK TREE HALL (Eichenbaumhalle) zu nennen, damit wir uns jedes Mal an diese Botschaft erinnern, wenn wir zusammenkommen.

ANHANG

1. Unterstützer der Trostdienste

Die Entstehung der Trostdienste wurde durch Einzelpersonen, Organisationen, Gemeinden und Institutionen mit ihren unschätzbaren Beiträgen gefördert. Die Unterstützung, die sie über die Jahre geleistet haben, werden wir niemals vergessen.

Sie sind Gottes Werkzeuge. Das konnten wir besonders in Situationen erleben, in denen nur Gott die Probleme kannte, aber die benötigte Antwort darauf durch sie kam, bevor wir überhaupt davon berichtet hatten.

Einige ziehen es vor, anonym zu bleiben. Wir schätzen sie alle und danken ihnen für ihre Unterstützung, die uns auf vielfältige Weise von innerhalb und außerhalb Ruandas erreicht hat. Sie halfen uns, durch ihre einmalige oder anhaltende finanzielle Unterstützung, den Nöten von Witwen und Waisen zu begegnen und die Trostdienste weiter zu entwickeln. Wir können ihnen niemals genug danken.

Kanada
Inspire Africa

England und Wales
CMS - Church Missionary Society
(Wales)
Dibden Deanery
Friends International
Jubilee Action
Lyndhurst Deanery
Network for Africa
Solace UK
Southover Church
SURF

Deutschland
Emmauskirche Frankfurt
Hilfe für Brüder
Missionswerk Frohe Botschaft
MFB
ORA International
Pauluskirche Bielefeld

Niederlande
Emmen Baptist Church
Mukomeze Foundation

**Nord Irland und
Isle of Man**
Drop Inn Ministries

Norwegen
Keza Foundation

Ruanda
Imbuto Foundation
Ministry of Health

Scotland
Comfort Rwanda

Schweiz
ORA Switzerland

USA
All Saints by the Sea
Farmers' West
First Fruit
Kwizera Ministries
New Vision Partners
World Relief

2. Chronologie – Schritt für Schritt

*„Und du sollst an den ganzen Weg geden-
ken, durch den der Herr, dein Gott, dich
geführt hat...* "[64]

1994
◆ Dezember 1994: Die ersten Treffen mit 8 Witwen; Gebet
und Weinen

1995
◆ Die ersten 45 Kinder werden für ihre Schulausbildung unterstützt
◆ Die erste Satzung der Trostdienste (Solace Ministries) wurde entworfen

1996
◆ Im Juni wird Solace Ministries als gemeinnützige Organisa-
tion anerkannt
◆ Ausweitung auf die Ortschaften Kayonza, Rwamagana und
Murambi

1997
◆ Ausweitung nach Nyamata
◆ Die ersten Ziegen werden in Rwamagana verteilt

1998
◆ Erwerb des Grundstücks im Bezirk Kacyiru in der Hauptstadt Kigali

---

[64]   5.Mose 8,2

1999

◆ Der Bau des Solace Zentrums in Kacyiru beginnt
◆ Solace leistet Nothilfe für Hunderte von Witwenfamilien in der Hungersnot in Bugesera, Kayonza und Nyagasambu mit Nahrungsmitteln und u.a. Saatgut.

2000

◆ Im Dezember nimmt das Solace Zentrum mit zwei Räumen und einem kleinen Versammlungsraum die Arbeit auf
◆ Die ersten Kinder- und Jugendlager zur Trauma-Heilung werden organisiert
◆ Die ersten Solace Gemeinschaften werden im Raum Kigali etabliert

2001

◆ Die erste Unterstützung für Kinderhaushalte beginnt in Kigali und Gasabo

2002

◆ Ausweitung der Arbeit im Süden des Landes
◆ Das spezielle Programm für Opfer von Vergewaltigung mit HIV/AIDS startet

2003

◆ Solace Ministries ist im Justizministerium registriert (Ministerial Order No. 015/11 von 0/02/03)
◆ Beginn eines Pilot-Kuh-Projektes in Nyanza
◆ Geschichten und Zeugnisse von Überlebenden werden gesammelt
◆ Baubeginn der Versammlungshalle mit Büros auf dem Solace Gelände

2004

◆ Erste Entwicklungsprogramme für Witwengemeinschaften

◆ Im Mai startet die medizinische Hilfe für die mit AIDS infizierten Opfer von Vergewaltigungen im Solace Zentrum

2005

◆ Patenschaftsprogramme für Kinder beginnen mit MFB, ORA Kinderhilfe und Solace UK (England)

◆ Das erste Gebäude des Solace Zentrums ist fertiggestellt

2006

◆ Das Betreuungs- und Behandlungsprojekt (CTP) startet mit Hilfe der Organisationen PACFA und SURF

◆ Ein deutsches Fachärzteteam kommt zu Besuch

◆ Die Versammlungshalle hat ein Dach

◆ In Kabuga startet die erste Musterfarm mit sechs Milchkühen

2007

◆ Solace Ministries arbeitet inzwischen in 54 Gemeinschaften mit 5326 Familien aus Witwen und Waisen

◆ Zwei weitere Musterfarmen gibt es jetzt in Nyamata und Nyanza

2008

◆ Die Nyamata Gemeinschaftshalle, ein Geschenk von Drop Inn Ministries, wird im September eröffnet

◆ Ein Tonaufnahmestudio wird im Solace Zentrum eingerichtet

2009

◆ Die Anzahl der Familien, denen geholfen wird, ist auf 8900 in 59 Gemeinschaften angestiegen

◆ Besuch des Solace Chores in Deutschland

◆ Das Buch *The Men who killed me* wird von Mukomeze in den Niederlanden veröffentlicht (Zeugnisse von Vergewaltigungsopfern)

◆ Der Bau der Ambulanz (Solace Medical Clinic) in Kabuga beginnt

2010

◆ Durch die neue Abmachung mit dem Gesundheitsministerium ist die Solace Medical Clinic jetzt als akkreditiertes Gesundheitszentrum anerkannt, das für alle offen ist

2011

◆ Einweihung der Solace Medical Clinic durch den Gesundheitsminister am 20. März in Kabuga

◆ Waisen, die von Solace unterstützt worden waren, fangen an zu heiraten, ein wichtiger Schritt, der Freude und Hoffnung bringt

2012

◆ Die sozial-ökonomische Entwicklung auf Gemeinschaftsebene hat, durch Mikro Kredite für Landwirtschaft und Geschäftsideen, einen neuen Schub bekommen. Intensive Schulungen zur Gründung von Kleinunternehmen finden statt

2013

◆ Im Rahmen des neuen Gesetzes für Nicht-Regierungsorganisationen ist Solace Ministries jetzt als religiöse Organisation registriert

◆ Die Haupthalle im Solace Zentrum, OAK TREE HALL, ist jetzt, zur Zufriedenheit aller Nutzer fertiggestellt

2014

◆ Der Erweiterungsbau für die Klinik in Kabuga wird in Angriff genommen

◆ Das Solace-Gedenkzentrum und die Bibliothek sind eröffnet

2015

◆ Die Gemeinschaftshalle in Kabuga ist fertiggestellt

◆ Das Mugina Regionalzentrum hat ein Dach

◆ Solace nach 20 Jahren– Die Werke des Herrn

◆ Jubiläumsfeierlichkeiten am 15. September

3. Das Wirken Gottes
Berichte von Zeitzeugen

Uwimana Enatha,

Stellvertretende Repräsentantin von Solace Ministries

Ich habe all das Grauen des Völkermordes gesehen, als ich als freiwillige Helferin während und nach dem Völkermord gegen die Tutsi den unbegleiteten Kindern in Byumba half. Da gab es Szenen des Leids, die mein Leben für immer gezeichnet haben.

Als Jean und seine Frau Viviane mich baten, sich ihrer Vision von Solace Ministries anzuschließen, zögerte ich nicht, sondern fühlte einen starken Drang mit ihnen zusammenzuarbeiten.

Ich habe Solace von seinem Babyalter an bis heute erlebt. Ich bin eine Zeugin der großartigen Arbeit, die getan wurde und es geht über das hinaus, was statt bloßer Mensch tun kann, besonders mit begrenzten Mitteln.

Allein Gott kann zerstörte Leben von Menschen, die alle und alles verloren haben, wiederherstellen und ihnen Hoffnung und Würde geben. Das ist es, was man unter den von Solace unterstützten Witwen und Waisen sehen kann: die Hand Gottes in dieser Arbeit.

Es ist ein Vorrecht für mich und meinen Ehemann Joseph ein Teil dieses wunderbaren Werkes zu sein.

Dr. Abel Kagame

Vorstandsmitglied von Solace Ministries

Kein Zweifel, Solace Ministries ist ein Geschenk unseres barmherzigen Gottes. Kein Zweifel, es ist seine Gnade, dass Solace 1995 anfing zu helfen, zu trösten und Leben wiederherzustellen, die sonst verloren gewesen wären. Witwen und Waisen erhielten wieder einen Sinn für ihr Leben. Ihre moralisch, geistlich und körperlich zerbrochenen Leben fingen wieder an sich zu stabilisieren.

Was wäre aus den vielen mit HIV/AIDS infizierten Witwen und Waisen oder den psychisch und physisch Behinderten geworden, die auf der Suche nach Unterstützung und Hilfe zu Solace Ministries kamen und wahren Trost benötigten, der auf dem Wort Gottes basiert?

Der Gründer von Solace Ministries, Jean Gakwandi, investierte viel und später gemeinsam mit der Solace Familie in die bedrückende und drängende Situation nach dem Völkermord, um kranken Menschen zu helfen, besonders denen, die an Krankheiten litten, die aus der im Völkermord gegen die Tutsi erlittenen Gewalt resultierten.

Offensichtlich waren die Herausforderungen enorm und es war nicht einfach, alle Nöte zu befriedigen. Alles, was an Erreichtem zu beobachten ist, ist in Wahrheit ein Wunder von oben. Wir erkennen darin die Macht des Gebets und die immer gegenwärtige Hand des Allmächtigen Gottes, bereit den Menschen zu helfen, die ihm gehorchen.

Wir erkennen den Beitrag von vielen Partnern, die Solace halfen, in alle Richtungen zu wachsen. Die Dienste im Medizinischen Zentrum in Kabuga sind für ihre exzellente Arbeit bekannt.

An anderen Orten sind die Aktionen für grundlegende Entwicklungen in den Witwengemeinschaften der verschiedenen Distrikte bemerkenswert, mit angemessener Unterkunft, Viehhaltung und Einkommen schaffenden Aktivitäten.

Inzwischen haben Hunderte junger Leute ihren Abschluss auf allen Ebenen der Ausbildung erworben und vielen weiteren wird geholfen, ihre Ausbildung weiter zu führen.

Solace erreicht viele junge Menschen, Jungen und Mädchen, ebenso wie viele Witwen in allen Gemeinschaften, denen sie mit dem Wort Gottes dienen zur Heilung, zur Hoffnung und zum Heil durch Jesus Christus.

Botschafter Francois Xavier Ngarambe (PhD)

Es ist mir eine große Freude Solace Ministries, seine Gründer, seine Leiter und all ihre Mitglieder für ihre herausragenden Leistungen seit der Gründung zu loben.

Als der Völkermord gegen die Tutsi nach 100 Tagen des Grauens gestoppt wurde, bluteten die moralischen und physischen Wunden des Völkermordes noch weiter. Diese psychologischen und moralischen Nöte der Überlebenden anzusprechen, hatten viele der internationalen NGOs[65] nicht auf der Agenda. Unter den wenigen, die dazu beitrugen, die Dinge nach dem Völkermord anzugehen, wurden viele von ihren eigenen Interessen, ihrer eigenen Befriedigung oder Anerkennung geleitet.

In diesen komplexen Zusammenhang der Dinge nach dem Völkermord kam Solace Ministries, um einen Unterschied zu machen. Mit sehr begrenzten Mitteln, aber voller Glauben, Liebe und Entschlossenheit, waren Jean Gakwandi und seine Ehefrau Viviane in der Lage, eine kleine Organisation mit großem Herzen und großer Vision ins Leben zu rufen. Auch wenn die Größe der Organisation wunderbarerweise im Verlauf der letzten Jahre wuchs und die Programme allmählich immer wichtiger wurden, mit immer mehr Nutzen für die wachsende Zahl der Begünstigten, besteht der schönste Teil dieses wunderbaren Abenteuers von Anfang an in dem Geist dieser so anderen Organisation, geschaffen, geleitet und geführt von so anderen Menschen.

---

[65]   Nichtregierungsorganisationen

In der Tat zog mich der ganzheitliche Ansatz von Solace Ministries an, mit ihrem Schwerpunkt zu trösten, zu lieben und die Würde der Betreuten zu respektieren. Ich war damals der Präsident von Ibuka[66] und versuchte die verschiedenen Aktionen der Organisationen zu koordinieren, die in die Angelegenheiten der Überlebenden involviert waren. Immer wenn ich einen komplizierten Fall mit dringendem Handlungsbedarf an Solace Ministries übergab, war ich wahrhaft erfreut, dass die Organisation immer über das einfache Reagieren auf die sofortigen Nöte mit medizinischer Hilfe, Nahrung oder Schulgebühren hinausging. Stattdessen entwickelten sie starke und langanhaltende Lösungen, einschließlich der Wiederherstellung von Hoffnung und Zuversicht und von neu geschaffenem Zugehörigkeitsgefühl zu einer Gemeinschaft von Menschen mit ähnlichen Erfahrungen, ähnlicher Hoffnung und ähnlichem Wunsch den Tod zu besiegen und nach dem Völkermord weiter zu leben.

Ich danke Gott dafür, dass Er meine guten Freunde Jean, Viviane und Beata, besser bekannt als Mama Lambert, und alle meine Solace Brüder und Schwestern in die richtige Richtung geführt hat. Ich empfehle alle eure Aktionen als wahrhaftig liebend und fürsorglich.

---

[66] „Erinnere", Organisation für das Gedenken nach dem Völkermord